Michael Welsch

Die Entfesselung des Schöpfers:

Wagen Sie die Reise in Ihren eigenen Verstand?

Erste Auflage 2016
Copyright © 2016, Michael Welsch
www.welsch.one

ISBN 978-3-00-052753-1

Inhalt

Prolog

Die Macht des Universums ist unbegrenzt. Durch einen irrwitzigen Zufall entstand jedoch eine weitere Macht. Die Menschen nennen diese Macht Verstand. Sie entwickelten diese Gabe allmählich und übergaben sie von Generation zu Generation, denn die Gabe erwies sich als nützlich für ihr Überleben. Eines Tages trotzten die Menschen, wenn auch nur für einen kurzen Augenblick, der Macht des Universums. Das Überleben erforderte in diesen Zeiten nicht mehr die elementare Aufmerksamkeit ihres Verstandes. Sie hielten inne und begannen, ihren Verstand zu untersuchen. Sie spürten, dass er mehr als ein Werkzeug zum Überleben war, und versuchten seine Macht zu ergründen. Die Menschen sahen zwar, dass die Macht eines Verstandes offensichtlich die körperliche Kraft eines Menschen um ein Vielfaches übersteigen konnte. Ein direktes Verständnis konnten sie dafür bisher nicht erlangen. Einige meisterten ihren Verstand bereits außerordentlich effektiv und man erzählte ihre Geschichten den Nachkommen und schrieb sie in Büchern nieder. Doch wir wollen nun den Anfang der wahren Bezwingung des Verstandes erleben.

Teil 1

»Da nach jeder Tat etwas Nicht-Vorhersehbares passiert, und dass wiederum stets nach einer weiteren Tat verlangt, beinhaltet eine gerichtete Geschichte neben all dem Zufall immer die Entscheidung eines freien Willens.«

Erwache!

Sie sind hier, weil Sie Ihren Verstand beherrschen wollen. Warum sonst lesen Sie diese Zeilen. Sie sind der Held dieser Geschichte und wir befinden uns nicht am Anfang, sondern bereits mitten in Ihrer Geschichte. Seien Sie sich dessen immer bewusst. Vielleicht werden andere diese Zeilen lesen, doch sie werden etwas anderes in ihnen lesen. Ihre Geschichte wird kein Zweiter so wie Sie erleben. Es wird eine lange und mühsame Reise gegen viele Hindernisse werden. Seien Sie tapfer und verlieren Sie Ihr Ziel nicht aus den Augen. Sie wollen Ihren Verstand beherrschen! Lassen Sie sich nicht vom Weg abbringen, auch wenn Sie einige Umwege nehmen, um die Dinge aus verschiedenen Perspektiven zu betrachten. Sie sollten Ihr Ziel nie aus den Augen verlieren.

Die Strapazen werden sich lohnen. Sie können lernen, sich selbst und andere zu verstehen. Sie werden wissen, wie Sie Ihr Befinden in Einklang mit Ihrer Umwelt bringen können. Sie können auf dieser Reise lernen, wie Sie im Traum fliegen oder einen Menschen verführen können. Aber das kann nur eine kleine Spielerei sein. Die wahre Macht Ihres Verstandes ist viel größer und ist zur Formung des Materiellen und nicht der Träume, Gedanken und der Manipulation anderer Menschen bestimmt.

Sie werden verstehen, dass Ihr Verstand die mächtigste Waffe im Universum ist. Doch werden Sie diese Waffe beherrschen können? Wenn Sie die Reise antreten und wenn Sie es schaffen, Ihren Verstand zu beherrschen, wozu werden Sie ihn nutzen? Werden Sie diese Waffe gegen das Universum oder gegen sich selbst oder Ihre Mitmenschen richten? Werden Sie das Universum bezwingen oder werden

Sie feststellen, dass Sie sich letztlich nur selbst bezwungen haben?

Wie auch immer, mit großer Wahrscheinlichkeit werden Sie versagen. Lassen Sie mich Ihnen diese deutliche Warnung mit auf den Weg geben. Sie werden höchstwahrscheinlich versagen, denn genauso unwahrscheinlich die Existenz des Verstandes an sich ist, genauso unwahrscheinlich ist der Erfolg, ihn zu meistern. Nur weil Sie Verstand besitzen, können Sie ihn nicht beherrschen. In diesem Fall bleiben Sie verdammt, ihn für Ihr physisches Überleben zu verwenden und viel schlimmer: Als Teil unserer modernen und komfortablen Gesellschaft werden Sie Ihre Mitmenschen nerven und die Entwicklung der Menschheit lähmen. Sie werden mit dieser Waffe, ohne es zu wissen und ohne böse Absicht, wild um sich wüten.

Um Ihren Verstand zu bezwingen, werden Sie eine gefährliche Reise in Ihre Gedankenwelt unternehmen. Das ist ein Weg, den bisher nicht viele bestritten haben. Menschen, die diese Welt ein Stück weit ergründet haben, berichten von abenteuerlichen Dingen, die ihnen auf ihrer Reise begegneten, kamen jedoch mit mehr Fragen als Antworten zurück. Doch diese Forscher und Philosophen kratzten nur an der Oberfläche. Sie beobachteten nur unbeteiligt. Sie zogen niemals ernsthaft in Erwägung, ihren eigenen Verstand bezwingen zu wollen. Man lernt nicht zu kämpfen, indem man anderen beim Kämpfen zuschaut. Man lernt ebenso wenig das höhere Denken, indem man Gedanken eines anderen in einem Buch liest. Das ist Ihre Reise. Es geht hier um Ihre Gedanken. Denken Sie an Ihre Hand, wie sie dieses Buch hält. Denken Sie an Ihre Augen, wie sie diese Wörter fixieren. Denken Sie an Ihre Ohren, wie sie Geräusche wahrnehmen, von denen Sie in diesem Moment umgeben sind. Denken Sie an Ihren Verstand, wie der den einzelnen Wörtern genau in diesem Moment Sinn gibt. Sie wissen nicht, wie Sie an Ihren Verstand denken sollen? Das werden wir bald ändern, denn es sind nur Ihre Gedanken hier. Ich bin nicht wirklich da. Es sind zwar meine Gedanken, die zu diesen Zeilen führten, es sind alleine Ihre Gedanken, wenn diese Zeilen gelesen werden. Wie soll es anders sein? Ihre Gedanken gehen nun auf eine Reise, wie sie es immer tun, wenn Sie etwas lesen, doch das wird eine besondere Reise, eine Reise in die Welt Ihrer Gedanken.

Viele Gelehrte predigen, dass für eine solche Reise mächtiges Wissen geschmiedet werden muss, um nicht gleich nach den ersten Metern vor unüberwindbaren Sackgassen zu stehen. Doch wozu etwas schmieden, wenn man die Reise nicht antreten will. Damit andere diese Reise antreten können?

Einige schlagen Gedächtnisübungen vor, die Ihren Verstand optimieren sollen. Das ist in etwa so, als würden Sie Mensch-Ärgere-Dich-Nicht üben, um sich auf ein Schachspiel vorzubereiten und dabei nicht einmal die Regeln des Schach-Spiels verstehen. Nein, Sie werden auf dieser Reise direkt Schach spielen und dabei spielerisch die Regeln lernen. Der Auftaktzug ist schon vollbracht. Habe ich Ihr Interesse geweckt? Wenn ja, haben Sie Ihr Interesse natürlich selbst geweckt. Die erste Herausforderung besteht darin, sich mit den Grundlagen Ihres Verstandes vertraut zu machen. Den Verstand zu meistern, ist allerdings etwas gänzlich anderes.

Den Verstand zu verstehen, ist ein uralter Wunsch. Die Menschen erschufen verschiedene Hilfsmittel. Sie erschufen die Philosophie und scheiterten. Sie beschworen die Religion und scheiterten. Sie erprobten die Wissenschaft und

scheiterten. Ich erwähnte bereits, dass Sie aller Wahrscheinlichkeit nach ebenfalls scheitern werden. Doch Sie haben
einen entscheidenden Vorteil. Ihnen wurde der seltene Geist
eines Schöpfers in die Wiege gelegt und Sie wissen wahrscheinlich nicht einmal davon. Sie als Schöpfer sind ein Designer und Unternehmer. Sie sind jemand, der theoretisches
Wissen und Handwerk nutzt, um neue Dinge zu erschaffen.
Sie stürzen sich voller Tatendrang auf ein Problem und gehen es an. Sie haben eine natürliche Disposition, dies zu
tun. Das trifft zwar auf viele in unserer Gesellschaft, aber
längst nicht auf alle Menschen zu. Es ist keine Frage der
Bildung oder Intelligenz, es ist eine Frage der inneren Einstellung. Das Schöpfersein lässt sich in zwei einfache Voraussetzungen aufschlüsseln.

»Erstens: Sie müssen den Schöpfungswillen in sich tragen.
Zweitens: Sie müssen die Ausdauer haben, Ihre Schöpfung
zu realisieren.«

Ein Schöpfer hat normalerweise nicht den Wunsch, Wissen
der Macht wegen zu erlangen. Ein Schöpfer hat den Willen,
sich selbst aus der Gleichung zu nehmen, denn er weiß
intuitiv, dass sein Verstand das Erste ist, das seiner bahnbre-
chenden Schöpfung im Weg steht. Ich weiß, dass Sie den
Geist eines Schöpfers in sich tragen. Wenn Sie kein Schöpfer
wären, wäre Ihre Geschichte zu Ende, bevor sie begonnen
hat. Nur ein Schöpfer wird seinen Verstand bezwingen können. Nur ein Schöpfer ist bereit, sich seinen eigenen Prinzipien zu beugen. Nur ein Schöpfer strebt nach verborgener
Weisheit und will daraus Macht für die Schaffung von etwas
Nützlichem und Schönem gewinnen. Nur ein Schöpfer sucht
und sieht die Schönheit in den Dingen.

Sie finden in diesem Buch einen Weg, wie Sie die schöpferische Kraft in sich entfesseln können. Der Geist des Schöpfers ist Ihre spezielle Fähigkeit und unterscheidet Sie von anderen Menschen. Denken Sie immer daran und vertrauen Sie drauf. Ich werde ihnen gleich einen ersten Leitsatz vorstellen. Er funktioniert als Nebeldetektor für Ihre Reise durch dichten Nebel. Er wird Ihnen nicht den Weg zeigen, aber er wird hoffentlich piepen, falls Sie vergessen, dass Sie im Nebel wandern. Anschließend erkläre ich Ihnen, wie Ihre Waffe, Ihr Verstand, grundlegend funktioniert. Sie bekommen die Gelegenheit, sich mit ihm Stück für Stück anzufreunden, bevor der gefährliche Teil der Reise beginnt. Je nachdem wie viele Schwimmübungen Sie bisher schon gemacht haben, wird Ihnen das Wasser, in das ich Sie stoße, mehr oder weniger kalt vorkommen und der Nebel wird Ihnen mehr oder weniger dicht erscheinen. Sie brauchen keine wissenschaftliche Vorbildung für diese Reise. Wenn Sie Wissen zum Thema Verstand, Gehirn und Geist haben, werden Sie einen Vergleich anstellen können. Wenn ich etwas behaupte, behaupte ich etwas. Ich werde es nicht so darstellen, als wäre das bekannt oder Allgemeinwissen. Auf dieser Reise existiert kein Nutzen von Seriosität und Wissenschaftlichkeit. Ich will Sie nicht von meinen Qualitäten als Autor überzeugen. Es geht nicht um mich, es geht alleine um Sie. Sehen Sie mich als Weggefährten auf Ihrer persönlichen Reise, als einen herrischen alten Lehrmeister, als Fährtenleser, als erfahrenen aber in Rätseln sprechenden, leicht überheblichen Begleiter an Ihrer Seite. Ich will nicht Ihre Sympathie, im Gegenteil.

Sie werden sich von Zeit zu Zeit als würdig erweisen müssen. Vertrauen dürfen Sie mir nur in einer einzigen Sache. Ich werde Sie warnen, wenn die Reise an einen Punkt kommt, an dem sie gefährlich wird, so dass Sie bei Bedarf aussteigen können. Nun der erste Leitsatz, Ihr Nebeldetektor.

I: Vertrauen Sie nicht auf die Schlussfolgerungen Ihres Verstandes.

Sollten Sie auf die Schlussfolgerungen Ihres Verstandes vertrauen, werden Sie versagen. Sie werden es nicht schaffen, diesen Umstand ständig zu berücksichtigen, denn der Verstand in Ihnen muss erst entfesselt werden. Es werden viele Verlockungen auf Sie warten. Sie werden wundersame Dinge über sich lernen, die Sie unbewusst schon längst wissen und die nur unterdrückt wurden. Es gibt nicht das eine große Geheimnis, sonst würde ich es Ihnen sagen und Sie wären bereits am Ende Ihrer Reise.

Sie werden lernen, wie biegsam und fragil die Wahrheit ist. Sie werden lernen, Ihre Standpunkte durchzusetzen. Sie werden lernen, wie Sie Ihre Gefühlswelt ordnen können, indem Sie innere Blockaden überwinden, die unsere Gesellschaft Ihnen aufzwingen. Sie werden lernen, wie Sie Informationen aufbereiten können und wie Sie Ihre Kreativität und Innovationskraft steigern. Doch genug Versprechungen, es ist nun Zeit, sie einzulösen.

Das Schwert des Schöpfers

Eine mentale Waffe zu beherrschen, erlernt man nur durch Kampf. Sind Sie bereit zu kämpfen? Vielleicht fragen Sie sich, warum der Verstand eine Waffe sein sollte? Es ist alles andere als optimal, über ein Buch zu kommunizieren. Der Wirkungsgrad eines Sachbuches liegt im unteren, einstelligen Prozentbereich. Ihre inneren Erkenntnisse sind zu komplex und instabil, als dass Sie es sofort verinnerlichen konnten. Der vorliegende Text ist kein Kochrezept, das Sie in Ihrer Küche ausprobieren können. Ich sage Ihnen nur, was Sie zum Kochen brauchen. Sie müssen Ihre Küche eigenhändig errichten und lernen, ohne konkrete Handlungsanweisung mit dem zu kochen, was Ihnen zur Verfügung steht.

Ein Text ist, ebenso wie der Verstand, wie die Betrachtung eines Gemäldes im Dunkeln mit einer Taschenlampe, die ein anderer für Sie führt. Sie haben immer nur einen kleinen Ausschnitt von etwas Größerem im Blick. Wenn Sie Glück haben, wird der Kegel der Taschenlampe durch den Autor geschickt geführt, kontinuierlich, ohne Flackern und ohne ständiges An- und Ausschalten, so dass Sie das Gefühl haben, das Gemälde als Ganzes zu betrachten. Doch lassen Sie sich nicht täuschen. Egal wie elegant die Lampe geführt wird und wie oft sie denselben Weg ableuchtet, Sie werden erst das ganze Gemälde verstehen, wenn Sie die Taschenlampe selbst in die Hand nehmen. Erst dann können Sie nach Belieben hin und her springen und Ihre eigenen Wege abfahren.

Sie haben aller Wahrscheinlichkeit nach die ersten paar Zentimeter des Abschnitts, auf den ich die Taschenlampe gerichtet hatte, vergessen, in dem es um den Verstand als Waffe ging. Ich schalte an dieser Stelle des Textes die Taschenlampe aus, springe zurück und schalte sie wieder an.

Ihr Verstand erhält Sie gegen alle Wahrscheinlichkeit und Vorbestimmtheit des Universums am Leben. Hören Sie auf zu atmen, hören Sie auf zu existieren. Hören Sie auf zu trinken, hören Sie auf zu existieren. Hören Sie auf zu essen, hören Sie auf zu existieren. Stürzen Sie in eine verlassene Höhle, hören Sie auf zu existieren, wobei Sie natürlich je mand retten könnte. Ihr Verstand besitzt eine Reihe verschlossener Ebenen, in denen nicht herumgepfuscht werden sollte. Das liegt daran, dass Ihr Verstand in einem physischen Körper gefangen ist, der leicht zerbrechlich ist. Ihr Verstand hält diesen Körper am Leben. Trotzdem wird das Universum (bzw. die Natur, Umwelt, Gesellschaft, etc., wenn Sie nichts mit der Dramatik dieses Wortes anfangen können) Ihnen zwangsläufig Ihre Existenz nehmen. Genauso, wie Sie ein Messer benutzen können, um jemanden zu erstechen oder ein Holzkunstwerk zu schnitzen, ist Ihr Verstand nicht nur ein Werkzeug, sondern immer auch eine Waffe, die das Gegenteil erreichen kann. Sie verbinden eine Waffe mit etwas Aggressivem? Dem kann ich nur beipflichten. Sie müssen mehrere Ebenen Ihres Verstandes meistern, Aggression ist eine davon. Auf dieser Reise gibt es kein Gut und Böse. Es gibt nur den Verstand und das Universum. Das Universum ist passiv aggressiv gegen den Verstand und wird den Kampf mit dem individuellen Verstand immer für sich entscheiden. Doch der Verstand hält ein paar Tricks im Kampf gegen das Universum bereit. Er will dem unbelebten Universum seine zeitliche Vorbestimmtheit rauben. Sie sind bereits aggressiv, nur indem Sie denken. Es gibt keinen guten Zweck, für den der Verstand abseits des elementaren Überlebens des Körpers gedacht ist. Ich bin zwar der Meinung, dass ein gesunder Verstand am besten dazu eingesetzt werden sollte, die Lebensbedingungen seiner nachfolgenden Generationen zu verbessern, aber »gut gemeint« kann leider fürchterliche Folgen nach sich ziehen, wie genügend Beispiele in der Geschichte zeigen. Nutzen Sie Ihren Verstand, wozu auch immer Sie Lust verspüren.

Ich schalte die Taschenlampe wieder aus und springe hierhin zurück: »Eine Waffe zu beherrschen, erlernt man nur durch Kampf.« Sie werden deswegen von Zeit zu Zeit einen Zweikampf führen, bei dem Sie gegen mich antreten. Ich werde Sie herausfordern, ich werde mich Ihnen überlegen geben, ich werde ordentlich austeilen, bis Sie es verstehen und immun gegen solche Angriffe werden. Sie werden selbst abschätzen können, wie gut Sie Ihren Verstand in diesen Zweikämpfen benutzen können bzw. schon benutzt haben.

Wie gesagt, Sie dürfen weder mir noch Ihren eigenen Gedanken trauen. Dieser Leitsatz ist wichtig. Ich werde Sie manipulieren. Vertrauen Sie mir nicht! Wenn Sie es tun, haben Sie den Zweikampf verloren. Vertrauen Sie mir nur in einer Sache. Ich werde Sie rechtzeitig warnen, ab wann Ihre Reise gefährlich wird. Das ist kein Spaß und kein Trick. Der Verlag bat mich, wenn schon keine Anmerkung zum Fließtext, wenigstens diese eine Sache deutlich anzusprechen. Der Verlag sieht die entfernte Möglichkeit, dass ein Leser langfristig Schaden nehmen könnte und seine Moral beeinträchtigt wird. »...Dadurch könnten wiederum Klagen drohen, wenn sich ein Leser zu sehr auf diese perverse Gehirnwäsche einlässt«, wie mein Lektor sagte. Ich denke, dass das Unsinn ist und Sie Ihren Verstand als Werkzeug und nicht als Waffe einsetzen werden. Sie werden zwar nicht nach der Lektüre Ihren Nachbarn umbringen und sich auch nicht selbst richten, aber Langzeitfolgen sind für mich nicht absehbar, wenn die mentale Befruchtung in Ihnen gedeiht. Sie sind ein erwachsener Mensch. Wahrscheinlich wird Ihnen durch den Konsum dieser Lektüre nichts passieren. Es besteht jedoch zumindest die theoretische Möglichkeit, dass Sie nachhaltig beeinflusst und in hohem Maße manipuliert werden. Wenn ich Ihnen sage, dass die Reise fortan gefährlich wird, halten Sie inne und überlegen Sie, ob Sie weiterlesen wollen. Es gibt Dinge im Leben, die man nicht sehen und nicht erleben muss. Es gibt Dinge, die nicht mehr umkehrbar sind. Unwissenheit kann ein Segen sein.

Wie in jeder guten Schüler-Kampfmeister-Geschichte werden Sie in Ihrer Ausbildung Dinge lernen müssen, die Sie gerne überspringen würden, und solche, die Sie zunächst nicht verstehen. Der Zweck wird Ihnen erst später klar werden. Sie sind in diesem Buch der Schüler. Folgen Sie entschlossen meiner Ausbildung und bestreiten Sie Wege, die anderen versagt bleiben. Im Gegensatz zum Kampfschüler, der seine Muskeln stählt, werden Sie Ihre Gedanken stählen. Das wird auf einer für Sie schwer zugänglichen Meta-Ebene Ihres Verstandes ablaufen. Sie werden ein Gerüst aufbauen, das Ihre Gedanken stabilisiert. Sie werden das »Refokussieren« lernen, womit ich die Fähigkeit meine, sich abwechselnd zu konzentrieren und die Gedanken schweben zu lassen. Die Fähigkeit sich zu konzentrieren, macht Sie nicht zu einem klugen Menschen. Es ist beides zusammen, konzentrieren und die Stimulation Ihres mentalen Rasters. Beides abwechselnd und in einer hohen Taktfolge führt zu einer hohen Auffassungsgabe.

Es ist diese Art von Klugheit, die ein Schöpfer braucht. Während Ihrer Ausbildung werden Sie kein autistisches Verhalten trainieren. Ihre Geistesmuskeln sollen auf eine natürliche Art und Weise gestärkt werden. Sie werden deshalb nicht nur Ihren geistigen Bizeps, sondern alle geistigen Muskelgruppen trainieren. Sie benutzen das Prinzip der Refokussierung auf mentaler Ebene bereits. Sonst könnten Sie diesen Text nicht lesen. Sie fokussieren die einzelnen Wörter dieses Textes und stimulieren Ihr mentales Raster, um einen Sinn zu erzeugen. Ohne Sinn wäre es nur eine

Aneinanderreihung einzelner Zeichen. Erinnern Sie sich noch an Ihre Kindheit, wie mühsam das Erlernen des Lesens war? Es war jedoch eine grandiose Vorbereitung für die Refokussierfähigkeit, die Sie benötigen.

Folgendes Beispiel habe ich im Internet gefunden. Sie können es nur flüssig lesen, wenn Sie refokussieren können, also das Zeichenmuster erfassen und Ihr mentales Raster so stimulieren, dass Sie die unsinnigen Wörter in einem Bruchteil einer Sekunde gegen sinnigere austauschen. Das Stimulieren kommt von ganz alleine, sobald Sie Ihre Konzentration lockern. Sie werden den folgenden Text folglich nur flüssig lesen können, wenn Sie sich nicht allzu stark konzentrieren und natürlich auch nur, wenn Sie der englischen Sprache mächtig sind.

If you can read this you have a strong mind.
7H15 M3554G3
53RV35 7O PR0V3
H0W 0UR M1ND5 C4N
D0 4M4Z1NG 7H1NG5!
1MPR3551V3 7H1NG5!
1N 7H3 B3G1NN1NG
17 WA5 H4RD BU7
N0W, 0N 7H15 LIN3
Y0UR M1ND 1S
R34D1NG 17
4U70M471C4LLY
W17H 0U7 3V3N
7H1NK1NG 4B0U7 17,
B3 PROUD! 0NLY
C3R741N P30PL3 C4N
R3AD 7H15.
PL3453 F0RW4RD 1F
U C4N R34D 7H15.

Ich werde noch ausführlich darauf zu sprechen kommen, warum ich Ihnen nicht einfach sagen kann, wie Sie Ihren Verstand meistern. Das ist leider nicht möglich. Es gibt keinen Lichtschalter im dunklen Raum, den es nur zu finden gilt und der Sie zur Erleuchtung führt. Sie werden einfach lernen müssen, die Taschenlampe, die ich Ihnen reiche, zu ergreifen und sie geschickt zu führen.

Man nennt das Problem, seine Gedanken durch seine eigenen Gedanken zu analysieren, das Problem der Selbstbezüglichkeit oder ob das Gehirn sich selbst erklären kann. Solche philosophischen Gedankenspiele führen zu nichts. Sollte ich meiner Ausbildungsmethode einen Namen geben, würde ich sie Mxxxxxxxxxx dxx kxxxxxxxxx Kxxxxxxxxx nennen. Wenn man rein theoretisch und abstrakt an diese Fragestellung herangeht, versucht man das Gegenteil und erliegt der Selbstbezüglichkeit. Doch dazu später mehr. Sie wundern sich über die Xe? Es ist fatal, Methoden bzw. Kochrezepten konkrete Namen zu geben. Versuchen Sie, sich das zu merken. Namen für Dinge zu vergeben ist okay, für Methoden nicht. Warum das so ist und was ich mit »Dingen« und »Methoden« meine, werde ich noch im Detail erläutern. In erster Linie können Sie nur auf Dinge refokussieren und nicht auf Methoden. Auf jeden Fall werden Sie diese Information, dass man Methoden keine Namen geben sollte, höchstwahrscheinlich vergessen, da Sie nicht in eine Geschichte gebettet ist. Doch genug vorweggenommen und zurück zur Geschichte.

Die Initiation

Jede gute Geschichte braucht eine Initiation. In dieser Geschichte besteht die Initiationsphase darin, in Ihnen den schlummernden Geist des Schöpfers zu wecken. Ich werde Ihnen erzählen, wie mein Geist erweckt wurde.

Ich bin Ingenieur. Ich denke, ich verstehe mein Handwerk. Aber ich verstehe die Welt, die Menschen und mich selbst nicht. Diese Qual schleppe ich schon seit Jahren mit mir herum. Ich glaube nicht, dass andere diese Dinge verstehen, aber ich will mich nicht damit abfinden, wie viele es tun.

Durch gelegentliche Studien von Sachbüchern und journalistischen Beiträgen in Online-Nachrichtendiensten versuchte ich, zumindest stückchenweise zu einer höheren Weisheit zu gelangen. Doch alles, was ich las, war inkonsistent und nicht überzeugend. Kein Autor versuchte nur ansatzweise, die Erklärung auf meine Fragen zu geben. Erschwerend kam hinzu, dass ich diese Fragen nicht formulieren konnte.

Kein Buch und keine Idee vermochten es bisher, mich zu erlösen. Eines Morgens beim Zähneputzen wischte ich das Kondenswasser nach dem Duschen vom Spiegel und hatte die Idee, dass mein Verstand nicht ausreichen könnte, um meinen Verstand zu verstehen. Das war ein Gedanke, der mir noch nie in den Sinn gekommen war. Ich dachte immer, ich würde mich nur nicht ausreichend damit beschäftigen. Ich hatte diesen Gedanken in diesem Moment als übermächtige Wahrheit im Kopf. Gleichzeitig war mir klar, dass dieser Gedanke weder plausibel noch kausal ist. Es war ein unbekannter Feind, eine merkwürdige neue Schaltung in meinem Kopf, die meinem vorherigen Wesen widersprach, das grundsätzlich alles für möglich hielt. Das klingt jetzt theatralischer als es war. Jedenfalls war die entscheidende Frage bzw. die Motivation geboren, mit der ich mich intensiv und nicht nur nebenbei auf die Suche nach der Antwort machen konnte.

Wer war dieser Feind in meinem Kopf? Habe ich ihn selbst erschaffen? Er war offensichtlich früher nicht da. Sind sich vielleicht alle Menschen ihre eigenen Feinde und haben Menschen deshalb so viele Probleme? Diese Feinde müssen bekämpft werden, dachte ich. Ich überlegte, wie ein Ingenieur ein solches Problem angehen würde. Zunächst braucht er theoretisches Wissen und er braucht Prototypen, an denen er einzelne Funktionen testen kann, bevor er die gesamte Maschine zusammensetzt, die am Ende die Antwort produziert. Ich brauchte allerdings eine Grundidee, auf der ich aufbauen konnte. Wenn sich alle Teile einer Maschine zusammenfügen, ist es egal, welches Teil zuerst da war. Doch um die Maschine im Ganzen zu verstehen, zerlegt man sie am Besten in Einzelteile, versucht diese zu verstehen und im Anschluss ihr Zusammenwirken.

Ich fange mit dem folgenden Funktionsträger an, der einzelne Teilfunktionen der mentalen Maschine demonstriert und die gesamtheitliche Komplexität zunächst gezielt vereinfacht.

Creatoren und Chronologs

Das zentrale Funktionselement der mentalen Maschine ist der »Creator«. Diesen Phantasienamen verwende ich nur zu Vorführzwecken. Er entstand erst lange nach der Theorie. Vom Prinzip meine ich damit ein Modell. Das Wort »Modell« schien mir zu schnöde und zu wenig geheimnisvoll im Kontext Ihres Abenteuers. Das Verständnis der Modellierung der Realität, die in unserem Gehirn abläuft, ist der Schlüssel zu unserem Verstand. Es ist kein Schlüssel, mit dem man eine verschlossene Tür aufschließt, hinter der sich alle Weisheit offenbart, sondern es ist der Schlüssel für die besagte Taschenlampe.

Außerdem besteht bei dem Begriff »Modell« das Problem, dass jeder darunter etwas anderes versteht und ich ausgiebig erläutern und definieren müsste, was ich unter Modell verstehe. Ich kenne mich mit physikalischen Modellen in Form von mathematischen Formeln aus. Ich leitete z.B. ein polymeres Werkstoffmodell während meiner Doktorandenzeit auf Basis von molekularen Überlegungen ab. Dazu kombinierte ich zwei physikalische Disziplinen, die statistische Mechanik und die Kontinuumsmechanik. Natürlich hatte ich Vordenker, ohne die ich das nicht geschafft hätte und ohne die ich nicht auf die Idee gekommen wäre. Aber das ist alles nicht entscheidend für Ihre Reise, um die es ja schließlich geht. Ich will auf Folgendes hinaus.

Nachdem die Ergebnisse des Modells und der Messungen erstaunlich gut übereinstimmten, konnte ich einfach nicht verstehen, wie die Anwendung von elementarer Physik und Mathematik das ermöglichte. Ich glaube es ehrlich gesagt bis heute nicht. Die physikalischen Grundgleichungen wurden von Menschen durch scharfsinnige Beobachtung und Schlussfolgerung erdacht. Aber Sie waren nicht für meine Anwendung vorgesehen. Mein Modell lag vor mir, Gleichung für Gleichung, aus logischen Annahmen hergeleitet, mit aufwändiger Mathematik geformt und schließlich mit experimentellen Ergebnissen auf Brauchbarkeit geprüft. Es war nicht die Wirklichkeit, es war ein Modell, das versucht, einen Teil der Wirklichkeit möglichst präzise zu beschreiben. Das Ergebnis war kein Resultat der Physik, wie ich sie vor meinen Studien verstanden hatte, sondern ein reines Gedankenspiel, das sich über mehrere Generationen von Wissenschaftlern entwickelte. Die finalen Gleichungen lagen vor mir und mir war klar, dass sie keine höheren Wahrheiten enthielten. Vielleicht versteht man Physik erst als etwas von Menschen Gemachtes und nicht von Menschen Entdecktes, wenn man so etwas selbst erlebt hat. Damit will ich nicht andeuten, dass wir in einer Illusion leben oder in einer Matrix gefangen sind. Ich will damit nur sagen, dass vor diesem Erlebnis Physik und Realität für mich das gleiche waren, danach nicht mehr und später dann wieder.

Jedenfalls brachte mich dieses Hin und Her in meinem Empfinden zu einer folgenreichen Analogie. Was ist, wenn alles, was ich denke, z.B. was Physik und was Realität ist, ebenfalls nur das Ergebnis eines (wie auch immer funktionierenden) Modells ist.

Diese Art von Modell nenne ich Creator, lateinisch nach Gestalter, Erschaffer, Schöpfer. Der Input des Creators wird mit sensorischen Informationen gefüttert und heraus kommt ein Gedanke, der mir bei der Umsetzung meiner Ziele hilft. Die genaue Funktionsweise dieses Mechanismus bleibt uns verwehrt. Aber egal welcher Gedanke mir gerade durch den Kopf schwirrt, er ist nur das Ergebnis eines Creators, was immer das biochemisch oder spirituell sein soll.

Es gibt offensichtlich verschiedene Creatoren, da sie an unsere verschiedenen Sinnesorgane gekoppelt sind, so meine nächste Überlegung. Ich habe keinen direkten Zugriff auf einen Creator, sondern nur auf den produzierten Gedanken oder etwa doch? Ich fand ein Schlupfloch. In dem Moment, in dem ein neuer Creator entsteht, ist er anfällig. Ein solcher Moment ist greifbar, wenn man seine Meinung um 180° ändert, da das langsam abläuft. In meinem Fall war das der besagte Überzeugungswechsel, was Physik und was Realität ist.

Sind Sie überzeugt, ist es zu spät. Dann wurden einer oder mehrere Creatoren in Ihrem Kopf vollendet. Sie denken in diesem Moment, Sie haben etwas verstanden, aber dem ist nicht so. Sie empfinden den Output des Creators als Gedanken. Damit ist ein Creator ein Gedankengenerator und der Gedanke eine spezielle Emotion.

Ein Creator ist so beschaffen, dass ähnlicher Input immer zum gleichen Gedanken führt. Er festigt sich, je öfter er benutzt wird, um einen Gedanken zu erzeugen. Er verknüpft immer weiteren Input für Ihre neu errungene Wahrheit und transformiert diese scheinbare Wahrheit in eine fundamentale Überzeugung.

Der Input kann bei einem fest verketteten Creator verschieden sein, um dennoch immer zum selben Ergebnis zu führen. Doch womit sind die Creatoren verkettet?

Ich nenne diese Elemente Chronologs. Ein Chronolog ist eine Basis-Information, ein Erfahrungshäppchen, das aus einer Geschichte idealisiert wurde. Ein Chronolog ist eine Abfolge, ein zeitlicher Zusammenhang, deshalb der weitere Phantasie-Name, der aus dem lateinischen »Chronus« für Zeit und »Log« für Protokoll entliehen wurde. Bei einem Chronolog handelt es sich um eine einfache Erfahrung, die sowohl visuell, akustisch, haptisch, sowie die Erinnerung an einen Gedanken selbst sein kann. Chronologs sind die Bausteine, aus denen Ihre Realität besteht. Sie bilden alle zusammengenommen Ihr Gedächtnis. Chronologs verschwinden, wenn sie nicht an Creatoren gekettet sind. Sie sind dann unnütz, weil sie so nicht verfügbar sind, um Gedanken zu produzieren.

Um eine gefestigte Wahrheit bzw. Überzeugung loszuwerden, müssen sich nicht nur Chronologs drastisch verändern, sondern auch die darauf aufbauenden Creatoren. Letztlich dienen alle Creatoren nur zur Entscheidungsfindung. Chronologs und Creatoren bilden Ihr mentales Raster. Doch wie arbeiten diese beiden Elemente zusammen und wie entstehen neue Chronologs und Creatoren?

Ein spezielles Organ, ich nenne es Connector, verkettet verschiedene Bereiche quer über das Raster, auf dem die Chronologs liegen. Das Connector-Organ baut eine willkürliche Verbindung zwischen ihnen auf und stabilisiert diese durch Resonanz. Das Connector-Organ ist nicht mächtiger oder überlegener als die Creatoren in Ihrem Kopf, er ist nur ein Mechanismus, ein Organ. Dauerhaft stabilisierte Verkettungen stellen Ihre Creatoren dar.

Was denken Sie, was ich gerade gemacht habe? Sie merken, während ich dies erzähle, dass diese Erklärung selbst ein Modell ist. Es ist ein spezielles Modell, das niedergeschrieben wesentlich komplexer sein kann, als dass es Ihr Verstand immer und immer wieder genau gleich reproduzieren könnte. Es ist die Aufzeichnung und die Abfolge von verschiedenen, resonanten Verbindungen.

Das Connector-Organ ist auf eine resonante Verbindung zurzeit limitiert. Hier spiegelt sich der Lichtkegel der Taschenlampe wieder und dieser Umstand macht unsere Reise so unmöglich. Sie werden sich nicht über die Limitierung ärgern, denn sie kann in einem gewissen Maße umgangen werden.

Sie werden eine wahrlich geistige Anstrengung auf sich nehmen, und bei jedem Gedanken, den Sie spüren, an das beschriebene Modell denken. Sie müssen dieses Modell fest auf Ihrem Raster verwurzeln, so dass das Connector-Organ es zwischenzeitlich in Ihr Denken mit einbezieht. Überlegen Sie in einem solchen Moment, was Ihre Informationen (Chronologs) Ihres vorherigen Gedanken waren und welche Schlussfolgerungen Sie soeben durch Modellbildung (Creatoren) daraus abgeleitet haben. Denken Sie daran, dass es ein Creator ist, der diesen Gedanken so schnell und ohne dass Sie es merken, für Sie modelliert hat. Umso resonanter die Verbindung des Connector-Organs ist, desto konzentrierter sind Sie.

Aber erinnern Sie sich daran, dass ein Schöpfer refokussieren muss. Er muss die Verbindung herstellen und die Verbindung auf dem Raster streifen lassen, damit die resonante Verbindung auf einem anderen Wege erneut hergestellt werden kann. Das sollte am besten in einer hohen Taktzahl stattfinden. Konzentration alleine ist nicht viel wert.

Kennen Sie das Phänomen, dass Sie abends im Bett liegen und Ihre Gedanken immer wieder um das gleiche Problem zirkulieren? Ihr Verstand ist erschöpft und Sie finden keine Lösung, obwohl Sie so gerne eine hätten. Ihr Connector-Organ stellt zwar noch Verbindungen zwischen verschiedenen Bereichen Ihres Rasters her, es kann die aufgebaute Resonanz aber nicht mehr richtig lösen. Damit führen Ihre Gedanken zu nichts. Das Connector-Organ steckt in seiner Fokussierung fest und kann nicht refokussieren oder refokussiert in immer gleicher Abfolge. Normale Gedanken verändern sich ständig subtil, wenn Sie länger über das Gleiche nachdenken. Sie können das beobachten, wenn Sie isometrische Strichbilder eine längere Zeit betrachten, bei denen die Perspektive umkippt.

Doch in manchen Momenten drehen sich Ihre Gedanken im Kreis. Achten Sie das nächste Mal darauf, dass Sie immer die gleichen Gedanken wiederholen und nirgendwo eine Abzweigung finden. Vielen Menschen begegnet diese Gedankenfalle im Alltag. Es gibt keine Lösung und das Problem wird immer fundamentaler. Die Überzeugung, in einer Sackgasse zu stecken, führt zu schlechter Laune und Depression. Diese führt in einem günstigen Fall zu einer komplett anderen Herangehensweise an die Sache.

Eine erfolgreiche Denkfolge wird gewährleistet, indem der Connector verschiedene Bereiche durch resonante Verbindungen verkettet und neue Chronologs entstehen. Statt eines Chronologs, das durch eine sensorische Erfahrung entstand, konstruiert das Connector-Organ Chronologs als Resultat einer Gedankenerfahrung. Über diese kann das Connector-Organ neu refokussieren. Ein Problemlösungsprozess ist ohne die Konstruktion neuer Chronologs nicht möglich, da sie die Basis allen Denkens bilden. Ein Gedanke, an den man sich erinnern kann, ist nichts anderes als ein erschaffenes Chronolog durch eine innere Gedankenerfahrung während einer resonanten Verbindung.

Diesen kontinuierlichen Verkettungsprozess nennt man üblicherweise Arbeitsgedächtnis. Durch die komplexe Verkettung über mehrere Bereiche können Sie komplexe Gedankengänge vollführen. Umso öfter Sie einen Gedanken vollführen, desto wertvoller ist er offensichtlich. Folglich ergibt es Sinn, diese Creaturen und Chronologs zu behalten und sie so zu stabilisieren, dass sie automatisch auf möglichst viel Input reagieren und dass sie immer schneller ansprechen, womit sie die Limitierung umgehen. Stellen Sie sich vor, welchen Sinn es ergeben würde, alle temporären Chronologs auf Ihrem Raster zu behalten. Ihr Raster würde sich so weit füllen, dass das Connector-Organ immer länger brauchen würde, um sinnvolle Verbindung aufzubauen.

Sie liegen immer noch grübelnd im Bett und schlafen doch ein. Ihr Connector-Organ löst die Verbindung endlich. Im Traum regeneriert Ihr Connector-Organ, damit es nicht erneut in einer Dauerschleife stecken bleibt. Es kalibriert das Refokussieren. Es baut willkürliche Creator-Verbindungen auf und löst sie wieder. Die dabei entstehenden Chronologs sind so flüchtig, wie sie gerade sein müssen, damit der Connector über sie refokussieren kann. Das Arbeitsgedächtnis geht im Traum gegen Null.

Es ist wichtig, dass Ihr Connector-Organ die Fähigkeit des ständigen Refokussierens behält, oder Ihr Verstand funktioniert nicht mehr. Desto schneller das Connector-Organ resonante Verbindungen auf- und abbauen kann, desto cleverer sind Sie. Ihre Cleverness oder Aufschlussgabe wird Ihnen allerdings ohne einen reichhaltigen Fundus an Chronologs nichts nützen.

Die Erzeugung sinnvoller Chronologs alleine auf Basis bestehender Chronologs ist begrenzt. Die Kunst seinen Verstand zu beherrschen, liegt nicht darin, das Connector-Organ zu optimieren. Das ist ausweglos, da seine Fähigkeiten Ihnen angeboren sind. Auch Tricks, um Ihr Arbeitsgedächtnis zu optimieren, verschaffen Ihnen nur eine spezielle Creator-Kette für Labor-Tricks. Das ist für echte Schöpfer nicht erstrebenswert. Vergessen Sie auch die Vorstellung, dass das schöpferische Vermögen als Intelligenz mittels eines IQ-Tests bestimmt werden kann. Sie schneiden bei solchen Tests besser ab, wenn Sie ihn wiederholen oder genau dafür trainieren, wenn Sie ein Fundament an Chronologs und Creatoren angelegt haben, die Ihnen die Antworten ermöglichen. Ihre Intelligenz zeichnet sich durch Ihre Lernfähigkeit und Ihre Anpassungsfähigkeit aus.

Sie werden Ihr bewusstes Denken verwenden, um Ihre Creator-Konstruktion zu optimieren. Da alle Creatoren auf Chronologs basieren, brauchen Sie z.B. einen Creator, der eine Qualitätskontrolle Ihrer Chronologs übernimmt. Sie werden lernen, solche schwachen Chronologs zu erkennen, damit Sie in der Entscheidungsfindung eine untergeordnete Rolle spielen. Ihr Fühlen und Denken sollte im Einklang harmonieren. Wenn das nicht so ist, ist es ein Warnsignal, dass Ihre mentale Verarbeitung nicht optimal funktioniert. In der Realität können Sie darauf im Idealfall so reagieren, dass Sie Ihre Entscheidung aufschieben, um sich neue Chronologs zu beschaffen, bevor Sie eine Entscheidung treffen. Das ist natürlich nicht immer möglich.

Sie werden allerdings ohne eine Übereinstimmung zwischen Fühlen und Denken keine guten Entscheidungen treffen. Ich will an dieser Stelle nicht schon Gefühle ansprechen. Diese Teilfunktion wird jedoch im Späteren noch seine zentrale Rolle bei der Entscheidungsfindung spielen. Sie werden sehen, dass Sie emotionale Widersprüchlichkeiten am besten über weitere Chronologs auflösen können, die durch sensorische Erfahrungen entstehen.

Zur Anschauung soll ein konkretes Beispiel dienen, bei dem Chronologs und Creatoren zur Entscheidungsfindung dienen. Wenn Sie sich für ein neues Produkt interessieren, werden Sie heutzutage erst einmal im Internet nach Informationen, am besten in Form von Testberichten, suchen. Ein Testbericht ist nur ein Modell und beruht auf Chronologs anderer Menschen. Als Beispiel soll ein Film dienen, auf den Sie gestoßen sind und den Sie eventuell sehen möchten.

Sie wollen sich über diesen Film informieren, bevor Sie entscheiden, Geld und Lebenszeit für diese Erfahrung einzusetzen. Wenn ein Filmkritiker schreiben würde, dass er normalerweise eine bestimmte Auswahl von Filmen mit 5 von 5 Sternen bewertet, hingegen eine weitere Auswahl total schrecklich findet, so dass diese nicht einen Stern verdient hätten, kennen Sie seine Chronologs, nicht jedoch seine Creatoren. Wenn er dem betreffenden Film 4 von 5 Sternen vergibt und Sie die meisten der angeführten Filme kennen, sagt Ihnen das mehr über die bevorstehende Erfahrung, als irgendwelche weiteren Erklärungsversuche.

Rezensionen präsentieren Ihnen hingegen Creatoren, in denen die Chronologs des Autors systematisch vor Ihnen verborgen werden. Die Creatoren erzeugen konstruierte Chronologs als Ersatz der sensorischen Chronologs. Das ist ein heuchlerischer Versuch der Objektivierung.

Informationen sind wertvoller, wenn ein Tester Ihnen seine Chronologs und damit seine direkten sensorischen Erfahrungen anvertraut. Denn nur wenn die Chronologs des Testers mit den Ihren übereinstimmen, werden Sie etwas Gleiches empfinden können. Sie werden dann ähnliche Creatoren konstruieren können, um Ihre Erfahrungen zu rechtfertigen. Schließlich geht es doch bei dem Konsum eines Films um die Erfahrung oder geht es um die Erklärung einer Erfahrung?

Können Sie noch folgen? Hier eine kurze Zusammenfassung: Chronologs können durch Nachdenken und das Sammeln von sensorischen Erfahrungen erschaffen werden. Creatoren verknüpfen diese Informationen und formen daraus Gedanken. Das Connector-Organ verknüpft die verschiedenen Creatoren und erschafft dabei neue Chronologs und Creatoren. Alles findet auf dem Raster statt.

Ein Schöpfer besitzt im Idealfall viele Chronologs, also einen reichhaltigen Erfahrungsschatz. Auf dem Raster sind diese Chronologs perfekt mit validen Creatoren verkettet. Das verschafft ihm detailliertes Wissen. Wenn die einzelnen Creatoren in stark vernetzten Verbänden organisiert sind, besitzt solch ein Verstand Weisheit. Ein weiser Schöpfer erkennt den Moment, in dem die Connectoren und Chronologs in seinem Verstand nicht ausreichen. Er macht sich auf, dies zu ändern, statt sich immer und immer wieder über das Gleiche den Kopf zu zerbrechen.

Der Schöpfer nutzt seinen Connector gezielt, um neue Chronologs und Creatoren für seine Problemlösung zu konstruieren. Er sammelt neue Chronologs außerhalb seiner Gedankenwelt. Er lässt sich ständig inspirieren und liebt die eigene Erfahrung. Können Sie sich an das eingangs erwähnte Kriterium eines schöpferischen Geistes erinnern?

»Erstens: Sie müssen den Schöpfungswillen in sich tragen. Zweitens: Sie müssen die Ausdauer haben, Ihre Schöpfung zu realisieren.«

Sie haben bisher offenbar nur eine Teilfunktion des schöpferischen Geistes kennengelernt und Sie haben gemerkt, dass der überschwangliche Aufbruch zur Entfesselung Ihres Verstandes unschön durch theoretische Erörterungen gestoppt wurde. Doch so läuft das in einer Ausbildung. Dachten Sie, der Verstand entfesselt sich von alleine, ohne Anstrengungen?

Sie müssen schon etwas dafür tun. Bevor Sie fortfahren, sollten Sie versuchen, diese Technik zu festigen. Da Sie Ihre Creatoren nur selber erschaffen können, nehmen Sie einen Stift und zeichnen Sie eine Visualisierung von Creatoren, Chronologs, dem Raster sowie dem Connector-Organ in die folgende Abbildung. Nehmen Sie auf jeden Fall die Zeit, dies jetzt zu erledigen, bevor Sie weiterlesen. Ihnen kommt das albern oder kindisch vor? Ganz genau, das ist es. Und deswegen wird es funktionieren. Sie haben keine Chance, das Gesagte zu verinnerlichen, wenn Sie es nicht Stück für Stück in Ihrem Verstand rekonstruieren und das geht am besten mit einer Zeichnung. Es gibt kein Richtig oder Falsch in Ihrer Visualisierung. Es gibt höchstens ein künstlerisch Wertvoll. Aber das ist für den Zweck vollkommen ohne Belang. Zeichnen Sie jetzt!

Abbildung 1: Meine Skizze, wie der Verstand modelliert.

Haben Sie die Skizze erstellt oder nicht? Merken Sie sich Ihre Entscheidung. Wenn ja, werden Sie bei der Anfertigung der Skizze festgestellt haben, dass das Modell Ihnen weniger klar und logisch erscheint, als es sich gelesen hat. Wenn es sich überhaupt verständlich gelesen hat. Sie werden Zweifel haben, ob Sie es nicht verstanden haben oder ob das Modell nichts taugt und Sie demzufolge Ihre Zeit verschwenden. Sie werden feststellen, dass Sie Sachen umgesetzt haben, die ich nicht angesprochen habe. Wahrscheinlich haben Sie sich gefragt, wo das Bewusstsein und das Unterbewusste zu verorten sind. Gut so. Denn nun folgt der zweite Leitsatz.

II: Ihr Verstand konstruiert am laufenden Band falsche Kausalitäten, nur damit Sie einen Gedanken vollenden können.

»Falsche Kausalitäten« klingt dramatisch. Aber überlegen Sie, wie fatal es wäre, wenn Sie keinen Gedanken vollenden könnten. Da nehmen Sie die eine oder andere falsche Kausalität gerne in Kauf. Ihrem Verstand ist es egal, ob die Kausalität falsch oder richtig ist. Die Creatoren unterscheiden sich nicht. Ein Creator ist prinzipiell wie der andere. Einige sind lediglich empfänglicher für resonante Verbindungen, weil sie schon tiefer in Ihrem Raster verwurzelt sind und die Resonanz des Connector-Organs wie einen Magneten anziehen.

Es gibt kein grundsätzliches Problem mit Ihrem Verstand, das es zu beseitigen gilt. Das System ist perfekt. Es wird in der Regel aber nicht effizient genutzt, solange es nicht um das Überleben Ihres Körpers geht.

Ist ein Creator unbrauchbar, tauschen Sie den Creator gegen einen weniger naiven Creator aus. Aber gehen Sie

davon aus, dass er nur ein kleines bisschen weniger naiv ist
als der Vorgänger. Optimieren Sie ständig durch solche
Vorgänge Ihr Raster und damit Ihren Verstand.

Ich werde im Folgenden versuchen, Ihnen einige Creatoren
in den Kopf zu pflanzen. Ich verzichte im Späteren auf die
Wortschöpfungen. Ich denke, ich habe Sie überstrapaziert.
Sie sind nicht wichtig. Ich habe kein Bedürfnis, mich mit
ihnen verewigen zu wollen. Es sind nur Wörter und sie sind
austauschbar. Ich erwähnte, dass sie nur zur Veran-
schaulichung dienen. Sie werden etwa bei der Hälfte der
Erklärung eine emotionale Abneigung gegen diese Wörter
entwickelt haben, die am Ende zur Skepsis und vielleicht
sogar zur intuitiven Ablehnung des Modells geführt hat. Das
ist ein Phänomen, das ich Ihnen im Folgenden erklären
werde und das es zu verstehen gilt. Der Kampf der Modelle
in Ihrem Verstand hat begonnen.

Dichotomie

Ich habe die Dichotomie (Struktur aus zwei Teilen) der Creatoren und Chronologs verwendet, da Ihr Verstand über
einen speziellen Kontrast funktioniert. Ihnen ist wahrscheinlich bekannt, dass sich Gehirnzellen nicht wesentlich unterscheiden. Versuchen Sie nicht, dem Ganzen eine neuronale
Analogie zu geben. Wenn ich schreibe: »das ist so«, dann ist
das immer ein Modell. Es hat den Wahrheitsanspruch, den
der Verstand ihm gibt, niemals einen universellen Anspruch.

Erst als ich dem Zusammenspiel von Creatoren und Chro
nologs, die Sie noch durch einen einfachen dichotomen
Kontrast (Differenzierung, Unterschiedlichkeit von zwei
Dingen) verstehen konnten, weitere Elemente hinzugefügte,
wurde es kompliziert. Creatoren und Chronologs in Zusam-

menspiel mit Connector-Organ und Raster entsprechen einem multiplen Kontrast. Ihr Verstand arbeitet aber nur dichotom. Das heißt, er arbeitet mit einem einfachen Kontrast zwischen genau zwei Dingen. Um mehr als zwei Dinge in Bezug zu setzen, muss Ihre Refokussierung hin und her springen, und Ihr Arbeitsgedächtnis wird massiv ausgelastet. Das macht Ihr Verstand nicht freiwillig, ohne dass ein Nutzen in Aussicht steht.

Um das obige Modell aus vier Elementen zu verstehen, müssen Sie neben dem Kontrast von Chronolog & Creator (Kontrast 1) Kontraste zwischen Creator & Raster (Kontrast 2), Chronolog & Raster (Kontrast 3), Chronolog & Connector-Organ (Kontrast 4) Raster & Connector-Organ (Kontrast 5) und Creator & Connector-Organ (Kontrast 6) aufbauen. Alle sechs Kontraste sind wiederum Chronologs, die Sie Stück für Stück zu neuen Creatoren ausbauen. Insbesondere der sechste Kontrast wird Ihnen Kopfzerbrechen bereiten, da ich das Zusammenwirken und nicht die Unterschiede zwischen Creator und Connector-Organ betont habe. Um das Modell tiefergehend zu verstehen, müssen Sie wiederum Kontraste zwischen den sechs neuen Kontrasten aufbauen. Das ergibt zehn weitere Kontraste. Insgesamt bisher 4+6+10=20 Kontraste, bzw. Modelle, schon jetzt viel zu viel für Ihr Arbeitsgedächtnis bzw. Ihr Connector-Organ, das nicht mehr als zwei Bereiche auf Ihrem Raster zur Resonanz bringen kann. Sie müssen entweder einzelne Creatoren tiefer in Ihrem Raster verwurzeln, so dass sie unabhängig von Ihrer bewussten Fokussierung arbeiten, oder Sie entlasten Ihr Arbeitsgedächtnis erheblich, indem Sie die Kontraste an andere, bereits gefestigte Kontraste in Ihrem Verstand ketten. Hätte ich Ihnen z.B. Folgendes gesagt: Ein Creator verkettet verschiedene Chronologs wie ein Legospielzeug aus einzelnen Legosteinen zusammengesteckt wird oder wie ein Smiley aus verschiedenen Strichen gezeichnet wird oder wie ein Satz aus verschiedenen Wörtern gebildet wird. In diesem Fall hätten Sie [Chronolog = Zeichen] und [Creator = Gebilde aus Zeichen] im Hinterkopf behalten, als es um das Connector-Organ und das Raster ging. Ich hätte das Raster als Cortex und das Connector-Organ als den Refokussierer Ihres Bewusstseins beschreiben können. Es sind nur Wörter. Wichtig ist die Vorstellung bzw. das Modell, dass der Verstand nur den Kontrast von zwei Dingen als elementare Operation beherrscht. Wenn Sie mehrere Dinge berücksichtigen, steigt der Aufwand überproportional.

Es ist naheliegend, dass Sie mit der Visualisierung oben gescheitert sind. Ich zeige Ihnen nicht meine Lösung, da sie für Sie keinen Sinn ergeben würde. Streng genommen wäre es natürlich eine Hilfe, da Sie den beschreibenden Text haben, aber ich möchte, dass Sie Ihre eigene Vorstellung davon entwickeln und nicht meine übernehmen. Sie konstruieren Ihre Gedanken. Das ist Ihre Geschichte. Ich habe meine Geschichte bereits durchlebt. Meine Stimme in Ihrem Verstand ist nur ein verhalltes Echo. Sie klammern sich lediglich an diese Stimme, weil Sie im Nebel stehen und keine Orientierung haben. Mein Echo ruft Ihnen von irgendwo zu: »So habe ich es gemacht, sehen Sie nicht meine Fußspuren? Worauf warten Sie, treten Sie doch hinein.« Aber wenn Sie nur auf Ihre Füße starren, um in meine Gedanken zu treten, versuchen Sie gar nicht erst, durch den Nebel zu sehen. Sie müssen nicht den Ausgang aus dem Nebel finden, Sie müssen lernen, durch ihn hindurchzusehen. Der Nebel wird immer da bleiben. Ich führe Sie durch meine Gedankenspuren nur an verschiedene Orte, an denen der Nebel anders aussieht.

Werten Sie diesen ersten Schlagabtausch aus. Haben Sie ein zufriedenstellendes Schaubild in dem Moment erstellt, als ich Sie aufgefordert habe, bekommen Sie einen Punkt (1:0). Haben Sie es nicht versucht oder aufgegeben und es als nicht lohnenswert abgetan, erhalte ich einen Punkt (0:1). Haben Sie dem Abschnitt eine interessante Idee entnommen oder hatten Sie ein kleines Aha-Erlebnis, kriegen Sie einen zusätzlichen Punkt. In diesem Fall: Herzlichen Glückwunsch, Sie wollen scheinbar wirklich den Schöpfer in sich entfesseln. Sie sind bereit, Ihren Erfahrungsschatz sowohl durch Sinne als auch Gedanken zu erweitern. Beides sind Elemente eines schöpferischen Geistes. Ihre Initiation ist geglückt. Tragen Sie nun den Zwischenstand ein.

:

Für das Vorankommen ist es nicht erforderlich, dass Sie die Zeichnung nachholen, sondern dass Sie verstehen, was mit Modellierung und dichotomem Kontrast gemeint ist. Im Weiteren verwende ich statt »Chronologs« das Wort »Erfahrung« und für das Wort »Creator« das Wort »Modell«. Sie werden mir zustimmen, dass es sich so besser liest und Sie können aufhören, von diesen Wörtern genervt zu sein. Ich hatte Ihnen gesagt, dass Sie nur der Anschauung dienen. Warum Sie höchstwahrscheinlich genervt waren, werde ich Ihnen später erklären. Liegt es an der Tatsache der gefühlten Belehrung? Habe ich nicht genug Vertrauen aufgebaut, so dass Sie meine Ausführungen als arrogant abwerten?

Ich will ein Negativbeispiel einer Modellierung demonstrieren.

Vitalisierender Vollrausch

Das Immunsystem des Körpers kennt drei Abwehrmecha-
nismen gegen Bakterien, gegen Viren und gegen Gifte.
Bakterien und Viren sind allgegenwärtig, aber was ist mit
Umweltgiften? Wie viele giftige Substanzen nehmen wir
noch durch Lebensmittel in uns auf? Sind solche Feinde
unseres Organismus nicht selten in unserer Gesellschaft
geworden? Ich spreche dabei nicht von künstlicher Chemie,
sondern von Stoffen in naturbelassenen Pflanzen, die sich
evolutionär als Fraßschutz entwickelten und die von Menschen durch Zucht und Verbreitung entfernt wurden.

Hier eine These. Was ist, wenn unsere Lebensmittel so
frei von Giften geworden sind, dass die Immunabwehr gegen giftige Lebensmittel nichts mehr zu tun hat? Wird ein
Immunsystem, das nichts zu tun hat, nicht immer sensibler,
bis es Fehlalarm gibt und gegen etwas auslöst, das harmlos
ist? Ein Gift ist immer nur eine Frage der Dosierung für einen
Organismus.

Eine Bekannte hatte in einer Blutuntersuchung alle möglichen Antikörper gegen Lebensmittel, die sie schon seit
Jahren aß: schwarzer Pfeffer, Ingwer, Knoblauch, Gluten,
um nur einige zu nennen, und dass obwohl Sie sich gesund
und abwechslungsreich ernährt, zumindest bewusst darauf
achtet und Bio-Produkte wählt. Weiterhin konsumiert sie
keinen Alkohol oder andere berauschende Substanzen.

Sollte ich dieser Bekannten raten, sich einmal einfach irgendetwas Grünes aus dem Wald in den Mund zu stecken,
um ihre Lebensmittelunverträglichkeit los zu werden?

Würden die vermehrt auftretenden Allergien von Kindern
verschwinden, wenn sie regelmäßig unter kontrollierten
Bedingungen und ohne bleibende Schäden vergiftet wür-

den, also einem Pendant zur Impfung mit einem ausge-
schalteten Virus?

Ist es nicht denkwürdig, dass alle Kulturen der Welt verschiedenste Substanzen konsumieren, die nicht nur ihrer
Ernährung dienen, und gleichzeitig wählerisch bei ihrer
Ernährung sind? Wenn man seine Immunabwehr schon ab
und zu kalibrieren sollte, warum nicht mit irgendetwas, das
Spaß macht, bevor der Körper leiden muss, z.B. Wein oder
einem Fliegenpilz?

Sie finden diese Theorie vernünftig? Lassen Sie sich nicht
täuschen. Widerlegen Sie meine Argumente und aktualisieren Sie den Punktestand. So einfach werden Sie allerdings
keine Punkte mehr bekommen.

:

An diesem Beispiel sehen Sie, wie fatal Modelle sein kön-
nen, die umso mehr Sie darüber nachdenken, zu einer
Wahrheit und dann zu einer Überzeugung werden können.
Ich fokussiere, streife übers Raster und finde in meinem
Erfahrungsschatz weitere Erinnerungen, die meine Annah-
me stützen.

Refokussierung kann nicht das einzige Merkmal eines
schöpferischen Verstandes sein. Viel wichtiger, als ein Modell zu perfektionieren, ist es, alternative Modelle für die
gleiche Sache zu haben. Denn nur durch Kontrast zwischen
den Modellen können die Schwächen der einzelnen Modelle entlarvt werden. Ihnen wird womöglich bei unserem
obigen Zweikampf als eins von mehreren möglichen Ge-
genargumenten eingefallen sein, dass Sie im Bekanntenkreis
jemanden haben, der gerne dem Vollrausch frönt und trotz-

dem kränklich ist. Dieser Bekannte ist in diesem Fall für Sie eine nicht zu leugnende Erfahrung, die den absoluten Wahrheitsanspruch in Frage stellt.

Es ist nicht verwunderlich, dass im Mittelalter zur Ader gelassen wurde. Das Blut ist krank, der Körper produziert neues Blut, wenn nicht genügend da ist, heraus mit dem kranken Blut und damit Platz für das neue Blut. Das ist eine perfekte Wahrheit eines robusten Modells, sollte man meinen. Beobachtung und die daraus abgeleitete Modellbildung sind Schlüsselfaktoren für einen schöpferischen Verstand. Man sollte allerdings immer bereit sein, diese Modelle zu hinterfragen und sich vor absoluten Wahrheitsansprüchen in Acht nehmen, da sie immer eine Sackgasse des Denkens darstellen.

Auch heute noch wird in Form von Dialysegeräten zu Ader gelassen. Die Grundidee war nicht so verkehrt, nur vollkommen naiv, aus unserer heutigen Sicht wohlgemerkt.

Der Verstand strebt von seiner Beschaffenheit nach Monokratie. Das heißt, er will nur ein einziges Modell, das zu einem Gedanken führt. Bei widersprüchlichen Informationen werden die störenden Informationen systematisch ausgeblendet. Das ist bis zu einem gewissen Grad sinnvoll, da sonst keine Entscheidung und kein Handeln möglich wären. Widersprüchliche Informationen gibt es jedoch in der heutigen Informationsgesellschaft im großen Maßstab und das ist neu in der Geschichte der Menschheit. Den Schöpfer stört das im Gegensatz zu den meisten Menschen nicht. Er weiß, dass es viele Wege nach Rom gibt, und er weiß es aus eigener Erfahrung. Er fragt nicht ständig nach dem »Warum«, sondern nur, »wie« er es nutzen kann. Er kann es ertragen, zeitweise koexistente Modelle in seinem Verstand zu haben. Bei zwei Modellen ist man geneigt, eins als falsch, das andere als wahr erachten zu wollen. Ab drei Modellen wird es schon schwieriger, die »Wahrheit« zu erkennen. Man wird ab diesem Zeitpunkt eher nach einer übergeordneten Erklärung suchen, unter der man die drei Modelle als Spezialfälle vereinen kann. Auf diesem Wege stellt sich die angestrebte Monokratie ein, mit der man Entscheidungen leichter treffen kann.

Ein ausgebildeter Schöpfer sieht sein eigenes Streben nach Monokratie ganz gelassen. Er weiß, dass alles nur Modelle sind und dass das Gefühl von Wahrheit (besser gesagt Wahrheitsempfinden) nur eine Emotion ist. In seinem Verstand koexistieren Gedanken und Gefühle. Sie ergänzen sich, statt sich zu bekämpfen. Der ausgebildete Schöpfer weiß, dass er nur dichotom (also zweiteilig) denken kann. Er hat verinnerlicht, dass die Unterscheidungen zwischen Denken & Fühlen, Kopf & Herz oder Kopf & Bauch als gedankliche Dichotomie funktionieren, um ein-und-dieselbe Sache zu verarbeiten. Wehren Sie nicht dagegen, perfektionieren Sie dieses Grundprinzip Ihres Verstandes. Ich helfe Ihnen dabei, also zurück zu Ihrer Ausbildung.

Wenn ein Schöpfer nicht weiterkommt, braucht er weitere Modelle, da der Besitz nur eines Modells eine Sackgasse ist. Er wäre verdammt, es zu glauben. Hat ein Schöpfer mehrere Modelle zur Verfügung, die das gleiche erklären, verspürt er Unbehagen. Ich könnte jetzt noch weitere Modelle aus der Geschichte oder der aktuellen Forschung über den Verstand anführen, doch diese haben das Problem, dass man sie ohne den Zeitgeist und die Fachsprache nur schwer nachvollziehen kann. Ich werde Sie mit Freud, Kant, Kahneman und der modernen Erkenntnistheorie verschonen und Sie lieber wieder etwas aktiver in die Ausbildung einbinden.

Für Ihre Reise brauchen Sie Übung im bewussten Modellieren. Im Folgenden werden Sie zunächst ein paar ineffektive, dann ein paar effektive Möglichkeiten kennenlernen. Die Effektivität lässt sich am besten über die Ineffektivität eines anderen Ansatzes demonstrieren.

Es ist irrelevant, ob das folgende Modell wahr ist oder nicht. Stellen Sie sich vor, dass Sie ein Lehrer sind und einem Schüler den nächsten Abschnitt vermitteln müssen. Sagen Sie Ihrem Schüler, dass es wahr ist und dass es der Heilige Gral zur Ermächtigung des Verstandes ist - meinetwegen als Ergebnis neuester wissenschaftlicher Forschung. Versuchen Sie nicht daran zu glauben (es ist nur ein Modell), aber seien Sie ein guter Schauspieler und verkaufen Sie es Ihrem Schüler als blanke Wahrheit. Klingt nach einer einfachen Aufgabe, oder? Dann los.

Kognition

Der Mensch unterscheidet sich vom Tier im Wesentlichen durch seine erweiterten kognitiven Fähigkeiten. Es muss elementare kognitive Methoden geben, die von jedem Lebewesen beherrscht werden. Darüber hinaus gibt es erweiterte Methoden, die nur höhere Lebewesen (wie die Menschen) beherrschen.

Das Wort »Methode« ist ein Begriff wie »Liebe«. Jeder kennt es, doch lässt es sich nicht in Worte fassen. Ich beginne mit den elementaren kognitiven Methoden, bevor ich auf die erweiterten Methoden der höheren Lebewesen zu sprechen komme. Um ihnen Namen zu geben, nenne ich die Methoden wie folgt:

Sprache

    Erfahrungsschatz

       Assoziation

          Intuition

             Vorstellung

Die erste Methode (»Sprache«) ist ein Teil des Ganzen, mit dem ich versuche, die Methode insgesamt zu beschreiben. Wie soll man Sprache mit Sprache erklären? Ich nehme die Methode Assoziation vorweg, um die Beziehung zwischen Sprache und Bedeutung zu verdeutlichen. Bei den Begriffen handelt sich um Worthülsen. Tausche ich die Wörter aus, lässt sich die Wirkungsweise der Assoziation erfahren.

Informationssyntax

    Sammlung von nützlichen Informationen

       Erkennen von Analogie

          bewährtes Handeln

             neues Handeln

Ich tausche ein weiteres Mal die Wörter aus.

Informationsstruktur

    Empirischer Speicher

       Analogie-Operator

          Modellbibliothek

             Modell

Und noch einmal.

Programmsprache
Datenspeicher
Analogie-Prozessor
Standardfunktionen
Benutzerfunktion

Hier noch eine Stufe weiter.

Programmiersprache
Speicher
Prozessor
Betriebssystem
Programm

Jetzt haben Sie es, oder? Sie wissen, welche Assoziation zur Funktionsweise eines Verstandes ich verwendet habe. Es ist eine naheliegende Assoziation, die vor 100 Jahren noch nicht möglich war. Gehen Sie die Liste vorwärts und rückwärts durch. Finden Sie passendere Wörter? Ganz sicher können Sie bessere finden. Finden Sie insgesamt drei Wörter, die für Ihr Empfinden besser passen, haben Sie einen weiteren Zweikampf gewonnen und Sie erhalten einen Punkt, sonst ich.

:

Dieser Weg, mich alleine über Analogien mit Ihrem Verstand zu synchronisieren, ist äußerst unelegant, da er im Wesentlichen nur Ihre Assoziation bemüht, die sich vollständig aus Ihrem Erfahrungsschatz bedient, den ich nicht kenne. Daher kann ich nur mutmaßen, ob diese Analogiekette für Sie Sinn ergibt. Selbst wenn, müssen Sie aufwendig alle Wörter mehrmals vergleichen (Stichwort multipler Kontrast) und häufig refokussieren. Es wäre merkwürdig, sollten Sie dabei nicht mindestens drei bessere Wörter in den einzelnen Reihen beim Durchstöbern Ihres Erfahrungsschatzes finden und es wäre auch merkwürdig, wenn Sie das nicht unheimlich anstrengen sollte. Sie werden es nur tun, wenn Sie denken, dass etwas Nützliches für Sie herausspringt, durch das sich diese Anstrengung rentiert. Sie haben also meinen Respekt, wenn Sie sich diesen Punkt soeben durch reine Willenskraft erkämpft haben.

Ich versuche alternativ, Ihnen das Modell auf Basis einer effektiveren Analogie zu vermitteln. Ich hoffe auch hier, dass Sie in dieser Analogie rudimentäre Kenntnisse haben. Wie sollte sonst das gleiche Gedanken-Modell in Ihrem Kopf reifen können. Ich beginne erneut.

Es gibt elementare kognitive Methoden. Die 1. Methode nenne ich innere Informationssyntax. Es handelt dabei um eine Information.

»Das ist passiert.«

Die 2. Methode nenne ich Analogie-Operator. Er korreliert abweichende, aber ähnliche Informationen.

»Das ist wie dies.«

Die 3. Methode nenne ich Intuition. Es handelt sich um einen instinktiven Automatismus, einem stark verwurzelten Modell, das jederzeit abrufbereit ist und die Basis unserer Entscheidungen bildet.

»Wenn etwas passiert, das wie dies ist, mache Folgendes.«

Die 4. Methode nenne ich Erfahrungsschatz, einen empirischen und selektiven Speicher für nützliche Informationen.

»Einmal ist das passiert, darauf ist dann jenes passiert.«

Die 5. Methode ist der Modellgenerator. Zusammen mit den anderen Methoden werden mit dieser Methode komplett neue Modelle hergestellt, die evtl. nur kurzfristig benutzt werden oder bei häufigem Gebrauch langsam zu intuitiven Modellen (Methode 3) werden.

»Wenn etwas passiert, das wie dies ist, mache Folgendes, da dann jenes passieren wird.«

Der Modellgenerator lässt aus bekannten Ereignissen in die Zukunft sehen und darauf basierende Entscheidungen ableiten. Ein Organismus, der diese Methoden beherrscht, trotzt damit dem vorbestimmten Lauf der Zeit. Um es dramatisch zu sagen, trotzt es damit dem Universum der unbelebten Dinge. Oder um es pragmatischer zu sagen: Es ist ein Lebewesen. Es kann sich aktiv bewegen.

Ich komme zu den höheren kognitiven Methoden.

Die 6. Methode ist die Empathie, dem Erkennen anderer Lebewesen, die ebenfalls Methode 1 bis 5 anwenden. Mit dieser Methode können situative Modelle entwickelt werden, die auf folgender Frage beruhen: Wenn ich das andere Lebenwesen wäre, welches Modell würde ich an seiner Stelle verwenden? Der Analogie-Operator wird hier nicht nur zum Erkennen ähnlicher Informationen, sondern auch zum Erkennen von Verhaltensmustern benutzt. Man könnte ihn empathischen Co-Operator nennen. Man trotzt nicht nur dem Universum, sondern auch anderen Lebewesen, die dem Universum trotzen.

»Wenn ihm das passiert, (das wie dies ist,) mache ich Folgendes, da ihm dann dieses und nicht jenes passieren wird«

Bei Anwendung dieser Methode verfügt das Lebewesen über Selbstwahrnehmung, wenn es erkennt, dass es von seinem Gegenüber ebenfalls als Nutzer dieser Methode erkannt wird. Damit ist sein Gegenüber eine Variation des Betrachters. Diese Situation weckt die Aufmerksamkeit des Betrachters. Das Hineinversetzen in einen anderen Verstand ist allerdings prinzipiell zum Scheitern vorprogrammiert. Das hat einen einfachen Grund. Ich formuliere das zu einem dritten Leitsatz.

III: Man kann nur aus eigenen Erfahrungen auf das Verhalten anderer schließen.

Der Andere hat nicht dieselben Erfahrungen gemacht und nicht die gleichen Modelle entwickelt. Empathie funktioniert nur, wenn die Modelle ähnlich sind, so dass man treffsicher von sich auf andere schließen kann. Der Vorteil in der Beobachtung eines Gegenübers ist die Möglichkeit auf die Güte seiner eigenen Modelle zu schließen. Das Gegenüber verhält sich in einigen Entscheidungen anders. Eine einzige Interpretation der Situation wird in Frage gestellt und zukünftige Entscheidungen lassen sich optimieren. Man hat nun bereits zwei Modelle und wird sie in Zukunft als verschiedene Ausprägung eines übergeordneten Modells sehen. Während beide Individuen bisher unabhängig von den Gegebenheiten immer gleich entschieden haben, entscheiden sie nun vielleicht beide situativ. Ein Verstand kann am einfachsten von einem anderen Verstand inspiriert werden. Umso verschiedener andere Menschen handeln, desto differenzierter kann der Verstand sein eigenes Handeln wahrnehmen und optimieren. Gut, dass es viele Kulturen und Subkulturen auf der Welt gibt.

Die höheren kognitiven Methoden sind Methoden, um sich körperlich gegen Konkurrenten durchzusetzen, indem der Verstand z.B. Bewegungen bei der Jagd oder im Kampf mit Artgenossen vorausahnt.

Es gibt weiterhin die 7. Methode der Kultivierung, mit der Lebewesen versuchen, gleiche Modelle in ihrem Umfeld zu erzeugen, damit die 6. Methode der Empathie besser funktioniert. Mit überlegener Nutzung von Empathie kann ein Lebewesen andere Lebewesen manipulieren und sich so über seine Artgenossen erheben. Statt auf physische Ausbeutung abzuzielen, kann die Empathie ebenso eingesetzt werden, um andere zur Kooperation zu bewegen.

Ab diesem Zeitpunkt sind die Methoden längst Werkzeuge und Waffen, um Kulturen zu schmieden und zu zerstören. Dem einzelnen schöpferischen Verstand ist es gleich, ob er ein Nutztier konditioniert oder einen Menschen gedanklich gleichschaltet. Das Vorgehen ist dabei sicherlich ein anderes, beides lässt sich aber unter Kultivierung zusammenfassen. Der einzelne schöpferische Verstand zieht daraus immer einen Vorteil. Mit einer kulturellen Prägung werden Wertevorstellungen und Verhaltensmodelle in großem Maßstab ins kollektive

Gedächtnis einer Gesellschaft implantiert. Das geschieht auf eine raffinierte Art, von der man als Schöpfer viel lernen kann. Dem Thema werde ich mich deshalb noch ausgiebiger widmen. Jedenfalls sollte Ihnen klar sein, dass die Leitmotive einer modernen Gesellschaft nicht durch Zufall und auf natürlichem Wege entstanden sind. Sie sind Produkte von Schöpfern, die in diesen Kulturen lebten und wussten, was sie taten. Diese übergeordneten, mono-kratischen Modelle konkurrieren oftmals mit den individuell gewonnenen Modellen des Alltags. Um daraus einen Vorteil zu gewinnen, müssen sie exzessiv kultiviert werden. So wird z.B. verhindert, dass das Modell »Recht des Stärkeren« Fuß fasst, zu dem man im Laufe der Zeit auf ganz natürlichem Wege gelangen würde. Gesellschaftliche Normen sind eine krasse Form einer umfassenden Modell-Implantation. Wie gesagt, der Verstand ist Waffe und Werkzeug. »Waffe« und »Werkzeug«, wieder einmal ein dichotomer Kontrast zwischen zwei Dingen, mit dem ein-und-dieselbe Sache in unterschiedliche Facetten zerlegt wird.

Die 8. Methode ist der Humor. Humor ist eine instinktive Methode des Verstandes, um sich gegen Zwangskultivie-rung bzw. ausbeuterische Modelle zu wehren. Auch mit diesem Thema werden Sie noch ausführlicher konfrontiert, wenn Sie mit Ihrer Ausbildung weiter vorangeschritten sind.

Alle Methoden müssen verstanden und optimiert werden. Apropos Optimierung. Wir leben im Zeitalter der Selbstop-timierung. Selbst dieses Buch ist ganz offensichtlich ein Produkt dieses Zeitalters. Ich hatte einen Arbeitskollegen, der sah Serien im 1,13-fachen Tempo. Er fand eine Ab-spielsoftware, die die Tonspur korrigiert, sodass sie dabei nicht Micky Maus mäßig klingt. Er optimierte seinen Konsum und sogar die Geschwindigkeit seiner Optimierung durch langes Austesten, so dass er genau auf 1,13 kam. Das Programm sah ursprünglich eine so feine Einstellung nicht vor. Es konnte nur zwischen 1,1 oder 1,2 gewählt werden. Er umging diese Limitierung, da er programmieren konnte.

Wie Sie feststellen, ist diese kurze Anekdote wesentlich interessanter zu lesen als der Text über die kognitiven Modelle davor. Aufzählungen und abstrakte Zusammenhänge sind das Resultat einer aufwändigen Verkettung von Gedanken. Sie stellen keine chronologe Verkettung dar und sind deshalb nicht gut zugänglich.

Damit Sie es einfacher verstehen können, muss ich meine Informationen in Geschichten, Analogien und Anekdoten packen. Ich versuche es erneut. Es braucht eine Geschichte, die die Theorie der kognitiven Methoden in zeitliche Abfolgen packt. Im Idealfall sollten Sie sich die Geschichte bildlich vorstellen können.

Zwischenspiel. Falls Ihnen während des Lesens aufgefallen ist, dass ich eingangs erwähnte, dass man Methoden keinen Namen geben sollte und ich dies soeben doch getan habe, mir also widerspreche, erhalten Sie einen Punkt, sonst ich.

:

Falls ich Sie erinnern darf, Sie dürfen mir nicht glauben. Dennoch sollte man vorsichtig sein, Methoden zu benennen, wenn man sie vermarkten möchte. Aber das hat einen anderen Grund.

Sie hatten keine wirkliche Chance, sich das zu merken, weil ich die Information, dass man Methoden keinen Namen geben sollte, zusammenhangslos definiert habe. Warum sollte Ihr Verstand daraus ein für Sie nützliches Modell erstellen, so ganz ohne Beweise und Argumente, die auf eine nützliche zu kopierende Erfahrung schließen lassen? Es gibt Zweikämpfe, die sind fair und es gibt welche wie diesen, der unfair ist.

Aus allen können Sie jedoch lernen. Falls Sie diesen Zweikampf verloren haben, werden Sie gerade denken, dass Sie in Zukunft gezielt auf Widersprüchlichkeiten achten müssen. Wenn Sie ihn gewonnen haben, sehen Sie sich bestärkt, dass die Aufmerksamkeit auf Widersprüche zu einem Punktgewinn führt. Aber glauben Sie ernsthaft, dass die folgenden Zweikämpfe immer dem gleichen Muster folgen? Oder hat Ihr Verstand soeben durch Beobachtung automatisch ein Modell erschaffen bzw. bestätigt, das Ihnen in der Zukunft einen Vorteil gewähren wird? Woher nehmen Sie überhaupt die Idee, dass es noch weitere Zweikämpfe geben wird?

Ich bereite die gleichen Ideen noch einmal im Rahmen einer Evolutionsgeschichte auf.

Die Bewegung jedes atomaren Bausteins im Universum ist ursprünglich vorbestimmt. Am Anfang der Evolutionsgeschichte entstanden vernetzte Zellen. Mit ihnen und vielen weiteren neurochemischen Reaktionen wurden adaptive Entscheidungsprozesse möglich, die den Zellen die Fähigkeit gaben, ihre Position im Universum (zumindest in beschränktem Ausmaß, einem Tümpel oder Ähnlichem) aktiv zu verändern und ihre zeitliche Vorbestimmtheit aktiv zu beeinflussen.

Doch eine harte Verdrahtung dieser Zellen ist unflexibel. Durch reine Selektion der Nachfahren reagiert ein Organismus nur langsam auf Umweltveränderungen.

Zur Erhöhung der Anpassungsfähigkeit entstand das Gedächtnis und entwickelte die zellulare Informationssyntax. Dabei handelt es sich um einen Mechanismus, um Informationen zu speichern. Es ist eine andere Informationssyntax als z.B. die DNA, die eine molekulare Informationssyntax ist und die Baupläne der Zellen enthält. Im Gegensatz zur DNA weiß die Menschheit noch nichts Wesentliches über die zellulare Informationssyntax. Doch aus ihr sollte im Späteren die Sprache entstehen, über die man wiederum viel weiß, da man verschiedene Sprachen vergleichen kann. Die zellulare Informationssyntax ist elementarer als die Sprache und sollte nicht mit ihr gleichgesetzt werden. Sie entzieht sich unserem Verstand, weil der Verstand keinen Kontrast zu anderen Modellen bilden kann. Zur Sprache findet unser Verstand einen verständlichen Zugang, da verschiedene Sprachen bis hin zur binären Sprache eines Digitalcomputers vergleichbar sind. Würden alle Menschen dieselbe Sprache sprechen, würde auch das nicht funktionieren.

Das Gedächtnis entstand nicht zum Selbstzweck. Es gewährte den Vorteil, dass es Entscheidungen ermöglichte, die nicht durch die DNA vorgegeben sein müssen. Die Entscheidung konnte nun auf zufälligen Erfahrungen basieren, die dem Organismus einen Vorteil beim Überleben verschaffte. Es könnte so eine vorteilhafte Aktion in Zukunft wiederholen, indem es das motorische Programm gezielt noch einmal abspielte, zum dem es ursprünglich nur durch Zufall gekommen war

Da kein Ereignis genau wie das andere ist, braucht es einen Mechanismus, der in der zellularen Struktur nach einer ähnlichen Information sucht. Wie auch ähnliche Objekte durch Nervenzellen erkannt werden, sucht der Mechanismus in den Mustern der Zellen nach Ähnlichkeiten. Die Suche nach so einem Informationshäppchen und die darauf basierende Ausführung von Bewegung kann man als Intuition bezeichnen. Es ist ein schlichter, aber effektiver Regelkreis, den Wissenschaftler in seiner Schönheit selbst heute nur limitiert in Computern nachstellen können.

Dieser Regelkreis wurde immer komplexer. Alsbald entstanden Organismen, die andere Organismen ausbeuteten, bzw. sie fraßen. Um nicht gefressen zu werden, entwickelte der ausgebeutete Zellhaufen einen Regelkreis, der ihn genau davor schützte. Dass wiederum ließ den ausbeutenden Zellhaufen einen Regelkreis entwickeln, um den Schutz zu umgehen und nun wird es spannend. Es ist eine primitive Vorstufe von dem, was als Empathie verstanden wird, dem Hineinversetzen in einen anderen Organismus. Es bedingt, dass der Regelkreis nicht übermäßig verschieden sein darf. Ausbeuter und Ausgebeuteter konnten sich folglich nur gemeinsam entwickeln. »Fressen« und »Gefressen werden« ist ein eingängiges Modell, da es wieder einmal einen dichotomen Kontrast herstellt. Der Verstand bildet ein übergeordnetes Modell der Natur aus zwei einzelnen Modellen, indem er aus zwei gegensätzlichen Perspektiven ein-und-dasselbe betrachtet.

Unser Verstand ist verdammt, nach dichotomem Kontrast zu streben und Modelle zu konstruieren. Sind wir also nicht mehr als ein komplexer und dichotom denkender Zellhaufen, der es aus dem Tümpel geschafft hat? Was soll da mehr sein? Wenn das Universum Gott ist, sind wir komplexen

Zellhaufen seine Schöpfung und dazu bestimmt, sich gegen ihn aufzulehnen. Das macht ein Fadenwurm bereits im kleinen Maßstab. Der Mensch macht es lediglich in einem etwas größeren Maßstab. Doch was ist schon dieser Maßstab im Vergleich zum gesamten Universum.

Sie könnten argumentieren, dass die Bewegung aller atomaren Teilchen auch in Zellen immer noch vom Universum bestimmt wird, und dass demzufolge auch die Prozesse aller Teilchen in jeder Zelle vorbestimmt sind. Das Leben wäre nur eine Illusion. Doch solche Gedanken führen zu nichts, weil sie nicht dichotom sind, sich nicht gegenüberstehen und sich auch nicht ergänzen. Außerdem, was weiß man schon vom Universum und wie es funktioniert?

Sie können mit Ihrem Verstand kein Modell über einen nicht-dichotomen Kontrast erzeugen. Es ist müßig, sich Gedanken über ein Henne-Ei-Problem zu machen, indem man fragt, was zuerst da war. Sie müssen eine Problemlösung durch dichotome Betrachtung angehen. Henne und Ei sind nicht dichotom, wenn Sie beides als das Gleiche in zeitlicher Abfolge betrachten. Sie werden Ihrem Verstand beibringen, solche Kreisschlüsse zu vermeiden. Sie werden Ihren Verstand konditionieren, Ihren dichotomen Kontrast lösungsorientiert einsetzen, um solche Probleme zu lösen. Ohne einen erweiterten Erfahrungsschatz wird Ihnen das allerdings auch mit der besten Refokussierung nicht gelingen. Sie brauchen mehr Erfahrungen, die es zu beschaffen gilt.

Wie wurde seit Urzeiten der nachfolgenden Generation Wissenswertes vermittelt? Was ist der Inhalt der meisten Bücher, seit durch diese technische Errungenschaft Erfahrungen und Modelle auf eine nie dagewesene Weise konserviert und weitergegeben werden können? Wie denken Sie, lässt sich am besten Wissen vermitteln? Durch einen sperrigen Sachtext mit vielen Aufzählungen und Unterkategorisierung oder durch Geschichten? Da Geschichten eine zeitliche Abfolge haben, ermöglichen sie eine effiziente Refokussierung, also das abwechselnde Konzentrieren und Gedanken schweifen lassen. Eins folgt dem Anderen und Ihre Aufmerksamkeit wird geschmeidig geführt. Ein Sachbuch erfordert eine sprunghafte Oszillation, da es keine zeitliche Basis hat. Die Gedanken schweben zu lassen, wird Stück für Stück unerträglicher, während Sie einem Geschehen in einem Roman wesentlich besser und länger folgen können. Eine zusammenhängende Geschichte enthält zeitbasierte Erfahrungen, Modelle und darauf aufbauende Entscheidungen. Die Modelle bieten dadurch ein Fundament ohne das Sie nicht angenommen werden können. Wenn Sie ein Modell in einem Fachbuch lesen, wird das Modell erst in Ihrem Verstand verankert, sobald Sie einem anderen davon erzählen. Das Erzählen und das Wirken auf den Zuhörer, das Sie beobachten, bildet dann die einbettende Ersatz-Geschichte.

Der Geschichtenerzähler

Ich wage zu behaupten, dass alles anwendbare Wissen und die Intelligenz des Menschen, alle kognitiven Dinge außer den Instinkten wie Atmung, Fortbewegung, dem Drang zur Fortpflanzung und der Intuition, nicht von der Klippe zu springen etc. auf der Fähigkeit basiert, Geschichten zu erzählen, so dass die Zuhörer nicht die gleichen Fehler machen und lieber andere bzw. eigene Fehler machen können. Das ist ein cleverer Optimierungsprozess gegenüber anderen Lebewesen, der dem Menschen einen Riesenvorteil gewährt und durch Sprache ermöglicht wird. Es ist nicht das Bewusstsein, das die Menschen von Tieren unterscheidet, es ist der Umstand, dass sich Menschen Geschichten erzählen können.

Wie eine gute Geschichte funktioniert, ist seit den antiken Griechen schriftlich festgehalten. Doch warum verwendet Wissensvermittlung nicht die Merkmale einer guten und eingängigen Geschichte? Warum enthalten Sachtexte z.B. keinen Protagonisten und setzen fast immer auf zeitlich nicht vernetzte Aufzählungen einzelner Sachverhalte? Da gibt es Fesseln, die abgelegt werden müssen. Ich komme zu einem weiteren Leitsatz.

IV: Problemlösungen sind konkret und niemals abstrakt. Abstraktes Denken löst keine Probleme - nicht gestern, nicht heute und nicht morgen.

In Sachbüchern ist des Öfteren eine Preisung des abstrakten Denkvermögens von Intellektuellen oder zumindest den Vordenkern unserer Gesellschaft zu lesen. Jetzt muss ich kurz meiner Aggression freien Lauf lassen und sagen, dass das absoluter Blödsinn ist. Eine solche Denkweise bedeutet die totale Verkrüppelung des Verstandes. Sie müssen diese tief verwurzelte Einstellung, falls sie in Ihrem Kopf vorhanden ist, so schnell wie möglich loswerden. Es ist ein bösartiges Modell, das suggeriert, dass Sie mit Nachdenken und Diskutieren die Probleme unserer Gesellschaft losen konnen. Es ist genau diese Mentalität, die Millionen von Menschen das Leben gekostet hat. Wir Deutsche sind uns dessen aufgrund unserer speziellen historischen Geschichte bewusst. Das Land der Dichter und Denker und das Land der größten faschistischen Gleichschaltung befinden sich nicht zufällig am selben Ort. Das Besserwissen und das Empfinden absoluter Wahrheiten in vermeintlich überlegenen Vorstellungen führen immer zur Niederlage einer Gesellschaft und zur Erstickung des Fortschritts. Dieses Buch ist mein schöpferischer Beitrag gegen dieses Phänomen, das sich überall auf der Welt ausbreitet. Dieses Buch wäre ohne diese Aggression in mir nicht entstanden. Sie werden noch erleben, wie man Aggression als positiven Motor für seine schöpferische Tätigkeit verwenden kann. Aber alles zu seiner Zeit. Ein Modell ist nicht dümmlich, dem Verstand ist das egal. Ein Modell ist wie das andere. Das musste ich zwischendurch einfach loswerden. Aus didaktischen Gründen trenne ich noch Gedanken und Emotionen, weshalb sich einiges aufstaute. Doch das wird sich demnächst ändern.

Zurück zum Thema. Ich werde Ihnen im Folgenden ein Modell vorstellen, dass ich aus drei wahren und zusammenhängenden Geschichten begründe. Eine ganze Industrie sucht nach Wegen, um innovativ zu sein und zu bleiben. Ich werde das Geheimnis der Innovation offenbaren. Es ist keine Wahrheit, es ist ein Wahrheitsempfinden, das mir aufgrund eines Modells das Gefühl von Wahrheit gibt. Um der Innovation das Geheimnis zu entlocken, musste ich beobachten. Ich musste unterschiedliche Erfahrungen sammeln und diese zu Modellen verknüpfen, um ein übergeordnetes Modell zu entwickeln. Erfahrungen aus verschiedenen Perspektiven bedeuten Unverständnis und es entsteht der Wunsch nach einem übergeordneten Modell.

Ich möchte, dass Sie darauf achten, wie angenehm es ist, Modelle aus Geschichten abzuleiten, und welches Unbehagen es Ihnen bisher bereitete, Modelle aus den vorherigen Erklärungen zu übernehmen, die konstruiert und abstrakt waren. Der Verstand hat ein natürliches Misstrauen gegenüber Erfahrungen, die aus Modellen durch Nachdenken konstruiert wurden, da diese meist naiv und in der Praxis nicht brauchbar sind. Der Verstand bevorzugt eindeutig Erfahrungen realer Begebenheiten, deren Interpretation nicht in Stein gemeißelt ist und Modelle, die nicht zum hauptsächlichen Wohle des Vermittlers dienen.

Innovation

Ich hatte einmal einen Vorgesetzten alter Ingenieursschule. Ein bis zweimal die Woche kam er ins Büro und fing unvermittelt an, eine Geschichte zu erzählen. Die Hälfte der Geschichten bestanden darin, irgendeinen Fehler aus der Vergangenheit (weit vor meiner Zeit) zu beleuchten. Er redete sich dabei regelmäßig in Rage, um dann doch einen versöhnlichen Ausklang zu finden. Es folgten anschließend ermahnende Worte, dass man als Ingenieur immer mit einem Bein im Gefängnis stehe oder dergleichen. An den meisten Tagen erzählte er Geschichten, wie ein Projekt früher mit viel Dusel doch noch erfolgreich abgeschlossen werden konnte. »Jetzt würde man ja offen drüber reden können, dass wir eigentlich nur Glück hatten«, sagte er.

Einmal kam ihm die Einsicht, dass seine Geschichten im Prinzip immer gleich verlaufen und die versöhnliche Lösung, obwohl technisch, immer irgendetwas mit Glück zu tun hatte. Es folgte an diesem denkwürdigen Tag nach einiger Überlegung die Moral, dass so etwas wahrscheinlich auch in Zukunft vorkommen wird und man es dann vor dem Kunden tunlichst nicht zugeben sollte, so wie damals eben. Man soll schließlich nicht die Kompetenz und das Vertrauen in die Firma verspielen. Dieses eine Mal wünschte er uns nicht wie üblich erfolgreiches Schaffen und verließ schwungvollen Schrittes das Büro, sondern ging bedächtig und war erstaunt, dass er soeben etwas von sich selbst gelernt hat.

Ich glaube nicht, dass das Geschichtenerzählen eine bewusste Methode war. Vielmehr hatte er das Bedürfnis, uns jungen Nachwuchsingenieuren etwas Wichtiges beizubringen, das man auf keiner Universität lernt. An viele der Geschichten erinnere ich mich heute noch. Nicht alle Tipps waren hilfreich, aber Sie wissen, worauf ich hinaus will. Verpacke die Information, die Lektion oder das erfolgreiche Verfahren in eine pointierte Geschichte und sie bleibt hängen.

Du bist das Bauteil. Liebe dich selbst.

Eines der Dinge, die mein Vorgesetzter alter Ingenieursschule eingeführt hatte, war die Trennung von Entwicklung und Konstruktion, so dass sich einige Mitarbeiter voll auf die teuren und komplizierten computergestützten Konstruktionssysteme konzentrieren konnten und die verbleibenden Entwickler den Rest wie Prüfvalidierung etc. übernahmen. Einige Jahre später gab er die Anweisung, dass doch bitteschön alle Ingenieure ihre Bauteile auf dem Schreibtisch vor sich haben sollten, so dass sie den technischen Problemen nicht durch modernen E-Mail-Verkehr und to-do-Listen mental entfliehen konnten und Probleme nicht auf das System schieben konnten.

Warum ist es so wichtig, dass ein Ingenieur sein Bauteil lebt, denkt und fühlt? Man muss das nicht auf Bauteile beschränken, es geht ebenso um Produktionsanlagen, Kunstwerke oder Eigenheime. Ein Mensch, der so mit seinem Produkt verbunden ist, jetzt werden Sie eine Augenbraue hochziehen, ist verliebt. Na gut, vielleicht wäre leidenschaftlich der passendere Begriff. Aber ich bleibe bei der Liebe, da diese Analogie mehr hergibt. Denn was tut man nicht alles für eine Liebe? Man liebt und kennt jedes Detail. Wenn etwas nicht läuft und der oder die Geliebte nicht allzu zickig oder anspruchsvoll ist, kennt man bald die Möglichkeiten, um wieder Harmonie herzustellen. Man kann es nicht ertragen, eine Liebe leiden zu sehen.

Einige Jahre später ging der Ingenieur alter Schule in Rente und sein Nachfolger war modern und kundenorientiert. Die Bauteile bzw. die Unordnung auf den Schreibtischen war nicht mehr angesagt und die Teile wurden zunächst in Container und später ganz aus dem Büro verbannt. Die Ingenieure waren zu einer Fernbeziehung verdammt. Das war nicht bedauerlich, da die Beziehung zu ihrem Produkt abgekühlt war. Wie das mit der Zeit so ist, vergeht jede wilde Leidenschaft mit dem Alter. Und wie so viele Fernbeziehungen verliert sich die Liebe dann auch. Es gab aber aus mehreren Gründen fortan keinen Platz für die Liebe zu einem neuen Produkt. Mit der Liebe verschwand allmählich auch die Treue und man versuchte, andere näherliegende Dinge zu lieben, auf die ich noch zu sprechen kommen werde.

Die Lektion von Versuch und Irrtum

Ich ging zu einem Kollegen und sollte etwas über die konstruktive Gestaltung von Dichtsitzen für eine dynamisch belastete Membran lernen. Er hatte sofort ein paar ältere Prototypen auf seinem Schreibtisch zur Hand. Das war noch die gute alte Zeit. Er erzählte mir: »Hiermit haben wir angefangen. Es war der Versuch, den Dichtsitz der Vorgänger-Konstruktion zu übernehmen. Das hat nicht funktioniert. Wie du im Vergleich zwischen dem neuen Produkt und dem

Vorgänger-Produkt siehst, wollten wir zur Kosteneinsparung ein anderes Material verwenden und die Prozessführung ändern.« Er gab mir beide Varianten in die Hand und fuhr fort: »Zudem ist ja offensichtlich, dass sich die geometrischen Maße unterscheiden. Wir haben zunächst mit diesen fünf Prototypen hier experimentiert.« Er zeigte der Reihe nach auf verschiedene Prototypen auf seinem Schreibtisch. »Der hier war genauso schlecht, der sogar noch schlechter und der hier war zwar besser, aber er verursachte ein anderes Problem. Fällt dir etwas an dem Dichtsitz auf?« Er war offensichtlich geometrisch anders gestaltet. »Schadet diese Verzahnung der Membran?«, fragte ich. Er bestätigte: »Ja, das tut sie, wenn man es übertreibt. Wir haben versucht, das Optimum zu finden und bei einem Test mit unterschiedlichen Verpressungskräften experimentiert und ebenfalls ein paar Computersimulationen durchgeführt. Aus einem Vergleich zwischen Berechnung und Messung haben wir die Erkenntnisse erlangt, dass die Flächenpressung den entscheidenden Ausschlag gibt. Hier siehst du den computeroptimierten Stand, bei dem die Verzahnung etwas verrundeter ist. Dann haben wir den Werkstoff von Aluminium auf Kunststoff geändert. Man muss dann anders konstruieren, was du an den Rippen hier erkennen kannst. Wir haben es schließlich hinbekommen, dass der Dichtsitz aus Kunststoff dieselbe Geometrie wie aus Aluminium hat. Leider hatten wir nun ein Problem bei Kälte, da sich die verschiedenen Materialen unterschiedlich bei Temperaturänderung ausdehnen. Wir konnten leider auf Stahl bzw. Aluminium als Verklemmungspartner nicht verzichten, da sich nur Metalle plastisch verfestigen lassen und dadurch erst die notwendige elastische Rückstellkraft für die Flächenpressung bereitgestellt werden kann.« Er schnappte sich einen Zettel und skizzierte mehrere Kurven, um seine Argumentation zu untermauern, dann setzte er fort: »Im Nachhinein konnte das theoretisch überhaupt nicht funktionieren, siehst du? Wir waren schon kurz davor, die Umstellung auf Kunststoff aufzugeben, als mir eine Idee kam: Wenn du dieses Teil hier betrachtest, ist es fast vollständig aus Kunststoff. Hier durch die Schlitze siehst du jedoch, dass ein Stahlring direkt hinter dem Dichtsitz eingespritzt wurde. Wir konnten so 7,36€ pro Bauteil sparen und haben uns das natürlich gleich patentieren lassen.«

Man könnte jetzt aus der Geschichte eine erfolgreiche Methode ableiten und sie »zielgerichteter Versuch und Irrtum« nennen. Es wäre sicherlich wünschenswert, wenn man die Prinzipien verallgemeinern könnte, damit auch andere so erfolgreich sind, denken Sie?

Bedenken Sie, worauf ich hinaus will. Denn dazu würde ich eine einmalige Begebenheit abstrahieren und das ist leider eine kognitive Sackgasse. Außerdem wird bei jeder Abstraktion der Protagonist entfernt und die Geschichte geht verloren. Während ich die Geschichte jederzeit erzählen kann, kann ich mir eine eigens ausgedachte Abstraktion weder merken noch proaktiv anwenden.

Der Trick besteht darin, Methoden konkret zu halten. Sammeln Sie verschiedene, aber gleichartige Beispiele. Der Zuhörer wird von sich aus die Unterschiede und Gemeinsamkeiten erkennen und daraus seine Schlüsse ziehen. Kann er das nicht, taugen die Geschichten nicht, die Sie erzählen. Das ist wie ein Witz, den man im Nachhinein erklären muss. Für das gesuchte Modell sind weitere, vergleichbare Geschichten notwendig.

Nach Jahren hatte dieser Ingenieur die Abteilung gewechselt und für die Dichtungen war ein anderer Ingenieur verantwortlich. Ich sagte zu ihm erstaunt, dass es doch gar nicht funktionieren könnte, einen Dichtsitz ohne Stahlverstärkung zu verwenden, als ich sein neuestes Bauteil in der Hand hielt. Er erzählte mir, dass es ein Irrtum gewesen sei. Das Problem liegt nicht in der Flächenpressung und der Rückstellkraft. Es liegt am Prinzip-Fehler, dass sich diese Dichtung nicht wie eine übliche Dichtung selbst verstärkt. »Man sollte eine solche Dichtung deshalb nicht dynamisch belasten und man hat keine Probleme. Ich habe also in Abstimmung mit dem Kunden, mit dem ich mich gut verstehe, dafür gesorgt, dass dies durch die auftretenden Belastungen nicht geschieht. Andererseits habe ich diese Kante in der Geometrie eingefügt.« Ich erwähnte: »Das ist ja interessant, ich hätte gedacht, die Kante wäre nur ein Formschluss für den neuen Prozess, von dem ich gehört habe.« »Ja, das beides gehört zusammen wie das Amen in der Kirche«, erklärte er mir, obwohl er sicherlich eine bessere Analogie dafür hätte finden können. Er erzählte mir stolz, dass er den Preis auf 2,31 € drücken konnte.

Noch viel später hatte dieser Mitarbeiter die Firma verlassen. Als ich wieder einmal einen Dichtsitz zu Gesicht bekam, war jeder für den Dichtsitz seines Bauteils eigenverantwortlich. Die Hälfte der neuen Teile waren wieder aus Stahl und die andere Hälfte aus Kunststoff mit extrabreitem Stahlring. Ich fragte: »Na nun? Geht das nicht auch ohne den Ring, nur aus Kunststoff, wie in diesem einen Projekt.« »Nein, wir wissen nicht, warum das damals leichtsinnigerweise gemacht wurde und auch noch glücklicherweise funktioniert hat. Wir haben sogar ein altes Computer-Modell und eine Powerpoint-Präsentation zu dem Thema gefunden. Da wir keine Zeit hatten, uns damit näher zu beschäftigen, haben wir es jetzt nach dem bewährten Prinzip gemacht. Die Anforderungen sind ja heutzutage auch höher als damals.« Auf meine Frage, inwiefern die Anforderungen höher seien, meinte er, das wäre einmal eine interessante Frage und man müsse vielleicht eine studentische Arbeit zu diesem Thema ausschreiben. Soweit ich weiß, warf dieses Projekt mit einem Teilepreis von über 10 € keinen Gewinn mehr ab.

Ahnen Sie bereits das Modell der Innovation, das ich aus diesen Geschichten abgeleitet habe. Sie denken wahrscheinlich: »Der erste Ingenieur, der war bereits gut, der Zweite, der hat wirklich alles richtig gemacht und der Dritte hat dann wieder alles vermasselt, weil es keinen zentralen Experten mehr gab.« Falls Sie es gedacht haben, bekomme ich einen Punkt. Falls Sie es nicht gedacht haben, bekommen Sie einen Punkt.

:

Sie wollen protestieren? Ich finde es auch unfair, dass Geschichten so unglaublich manipulativ sind und Ihnen geradezu bestimmte Modelle und daraus resultierende Gedanken aufzwängen. Ich hatte Ihnen im Vorfelde gesagt, worauf es ankommt.

Ich beobachtete drei verschiedene Modelle. Alle drei Personen wollten das Gleiche erreichen. Ich suche nach einem übergeordneten Modell, das alle drei Vorgehensweisen gleichberechtigt und situativ einschließt. Es kann nicht das eine Vorgehen prinzipiell besser als das andere sein.

Jeder Ingenieur hatte nur seine eigene Methode angewandt, die durch den individuellen Erfahrungsschatz und die aktuellen Umweltbedingungen (insbesondere der Zeit aber auch einige andere Dinge, wie die Verbundenheit zu seiner Konstruktion z.B.) limitiert war.

Ich konstruiere folgendes Model der Innovation:

*Innovation = individueller Erfahrungsschatz * günstige Arbeitsbedingungen*

So einfach ist das mit der Innovation erklärt. Verbessern Sie eins der beiden Elemente, erhöhen Sie Ihre Innovationskraft.

Es gilt natürlich zu diskutieren, welche Umweltbedingungen für Innovationen ideal sind und wie der individuelle Erfahrungsschatz erweitert werden kann, aber das will ich hier nicht weiter ausbreiten und mich an diesem Beispiel lieber der Konsequenz von Modellen dieser Art widmen. Modelle dieser Art ermöglichen einen Blick in die Zukunft.

Aus dem Modell lässt sich direkt ableiten, dass es nicht gut um unser deutsches, hochgelobtes, innovatives Ingenieurwesen, ja um große Teile der hoch organisierten Produktion steht. Diese Idee transportiere ich erneut mithilfe einer Geschichte.

Sie werden langsam mit der unterschiedlichen Wirkung von konkreten Geschichten und Geschichten mit ausgeprägter Metaebene vertraut gemacht. Das Konkrete einer Geschichte unterstützt die Konzentration, die Metaebene unterstützt das Streifenlassen der Gedanken. Eine gute Geschichte braucht beides.

Folgende Geschichte beschreibt einen Aspekt der Innovationsblockade unseres modernen Ingenieurwesens. Sie enthält eine wesentlich größere Metaebene und nur einen kleinen konkreten Kern, während die obige Geschichte viel mehr konkrete als metaphorische Information enthält.

Der versklavte Ingenieur

Früher arbeitete der Ingenieur glücklich vor sich hin, nannte sich selbst noch nicht so und alles war wunderbar und die Welt wurde durch Fortschritt immer besser und besser, auch wenn immer wieder Kriegstreiber auftauchten. Der Ingenieur war noch Erfinder und Tüftler. Er hatte seine Zeichnungen und seine einfachen Überschlagsrechnungen auf Basis von mechanischen und thermodynamischen Prinzipien. Doch dann entwickelten sich einige von ihnen an den Ausbildungsstätten zu Zauberern und konstruierten magische Dinge, die sie Digital-Computer nannten.

Über die Zeit perfektionierten die Zauberer diese magischen Instrumente so weit, dass bald kein Zauberer mehr vermochte, sie alleine zu verstehen und zu beherrschen. Es war eine böse Kraft, die die Instrumente immer besser und leistungsfähiger werden ließ. Einige Ingenieure waren so begabt, dass sie bald wundersame Dinge mit den magischen Instrumenten anstellen und sie für ihre eigenen Bedürfnisse anpassen konnten. Sie hofften, in den Club der Mathematiker aufgenommen zu werden. Doch die Mathematiker hielten nichts von dieser billigen Zauberei und ließen sie nicht in ihren Club der reinen Geisteskraft. Das war nicht verwunderlich, denn die Mathematiker waren die exzentrischen und weltfremden Kinder von Physikern. Einige begabte Ingenieure wurden bald von den magischen Instrumenten so besessen, dass sie sich in Keller verkrochen und sich fortan nur noch mit ihnen beschäftigten. Sie haben so einen Informatiker bestimmt schon gesehen. Heutzutage begegnet man einigen weniger traditionsbewussten Softwareentwicklern wieder im Tageslicht.

Ein Tool, um sie alle zu knechten

Alsbald hatte jeder klassische Ingenieur so ein wundersames Instrument und konnte mit ihm Karten spielen oder sich anderweitig die Zeit vertreiben. Er war jedoch zunächst willensstark und schenkte ihnen keine sonderliche Beachtung bei der Arbeit.

Doch dann kamen eines Tages Apple und Microsoft, zwei fürchterlich große Zauberer, wie Wölfe im Schafsfell und überzeugten die jungen Ingenieure, dass diese intensiv die magischen Instrumente mit ihren neuen Hilfsmitteln bedienen sollten, um ihrer Herr zu werden. Dazu erschufen sie Geräte nach dem Vorbild des Fensters und der Maus, die weniger erschreckend wirkten und somit die Ingenieure überlisteten. Die Ingenieure benutzten diese Instrumente schließlich gerne. Man muss wissen, dass die ersten magischen Instrumente Papier fraßen, verdauten und wieder ausgespuckten. Es waren ungeheuerliche Monster. Nun aber waren die magischen Instrumente schon fast handlich und wirkten weniger bedrohlich.

Obwohl die Instrumente damals noch keine besonderen emotionalen Reize hatten, waren die Ingenieure von ihren inneren Werten geblendet und dachten, dass sie frei von den begrenzten Ressourcen der Buchdrucker, Grafikern und Zeichnern wären, und spürten eine ungeheure Macht. Es war nicht so wichtig, nur limitierte Möglichkeiten zu beherrschen. Es war die Freiheit an sich, die sie übermannte. Die

Grafiker und Drucker kümmerte dies nicht. Sie standen schon längst auf Marketingler, hübsch anzuschauenden Mischlingen aus Kaufleuten und Ingenieuren, die sich unaufhaltsam vermehrten.

Die Ingenieure starrten gebannt auf ihre Kisten, die sie Röhrenmonitor nannten, und versuchten ihnen ebenfalls Magie zu entlocken. Doch sie waren längst nicht so talentiert wie die großen Zauberer, denn sie hatten andere Aufgaben als auch prinzipiell andere Interessen.

Die Ingenieure mussten feststellen, dass sie viel Zeit mit den Geräten verbringen mussten, um etwas Verlockendes zu erstellen und ihre Produkte zu verbessern. Da kam der große Zauberer Microsoft und gab ihnen eine mächtige Toolsammlung namens Office. Doch diese Tools, die Microsoft Excel, Word und Powerpoint nannte, saugten insgeheim die Lebensenergie aus den Ingenieuren, wie auch aus vielen anderen zu dieser Zeit. Die Ingenieure wussten zwar nicht, warum diese Tools mächtig waren, doch sie lernten schnell, bzw. recht schnell, bzw. … fairerweise sollte man sagen, dass sie nie so recht mit ihnen umzugehen lernten. Aber die Tools verliehen ihnen ein Gefühl von Macht und es wurde sich fortan damit duelliert, anstatt sich weiterhin ausschließlich über materielle Realisierung zu messen. Währenddessen vernachlässigten sie diese Macht, die Herrschaft über alle menschengemachten Dinge der Welt, und verloren Stück für Stück ihre Unabhängigkeit an die großen Zauberer.

Nachdem Sie die wahre Geschichte über den tragischen Untergang der Ingenieure kennen, wage ich einen Blick in die weitere Zukunft.

Tool-Kriege: Eine neue Hoffnung

Das Silliconvallyum unter der Führung des Projektleiters unterjocht die technischen Dinge dieser Welt. Es ist eine düstere Zeit, in die der Sohn eines Ingenieurs geboren wurde. Doch er wurde von einem alten und weisen Ingenieur in die wirklichen Grundlagen des Ingenieurwesens eingewiesen. Wie sich herausstellte, war sein Vater ebenfalls ein ehemaliger Schüler dieses Lehrmeisters, der aber in einer tragischen Geschichte bei der Geburt des Sohnes dem Silliconvallyum verfallen war. Wie dem auch sei.

Der Junge fragte den weisen Lehrmeister: »Ein echter Ingenieur, ich dachte, die gibt es schon lange nicht mehr.« »Die Macht des Ingenieurs ich dich lehren werde«, antwortete dieser, »aber du musst geduldig sein, sonst der bösen Seite des Projektmanagements du verfällst.«

Früher einmal wachten die Ingenieure über die Welt, erzählte er, und sie sorgten für Wohlstand und Entlastung von körperlicher Arbeit und boten den Kriegstreibern Einhalt. Es war ein sehr exklusiver Club. Doch nun gibt es fast keinen mehr. Sie wurden alle vom Projektleiter ermordet.

Um das klarzustellen, man braucht echte Feindbilder. Projektmanager, Marketlinger und Software-Entwickler sind allesamt natürliche Feinde des Ingenieurs. Und ich werde mich hüten, den allergrößten Feind von allen anzusprechen, den Juristen. Sie müssen verstehen, dass die Geschichte umso epischer ist, desto kleiner der tapfere Held am Anfang ist und desto größer die Übermacht erscheint, gegen die er bestehen muss. Er lernt und lernt und lernt, und schließlich kann er den bösen Zauberer, den Drachen, den Imperator, oder eben den Projektmanager mit einer List oder einem magischen Gegenstand besiegen.

Oder es stellt sich wie in einem modernen Disneyfilm heraus, dass der Drache nicht ohne Grund böse ist und man ihm nur dabei helfen muss, auf den richtigen Weg zu kommen.

Sie haben gemerkt, dass in der letzten Geschichte zunehmend unnütze Informationen geflossen sind. Wie oder was kann nun ein schöpferischer Verstand aus Geschichten lernen?

In jeder Geschichte steckt ein Quäntchen Wahrheit. Die Wahrheit entpuppt sich als emotionale Antwort eines Modells, das Sie auf Basis der Geschichte erschaffen haben. Wenn eine Geschichte weit verbreitet ist, können Sie die Essenz der Geschichte benutzen, ohne zu abstrahieren. Abstraktion versteht keiner, und deswegen ist es töricht, sie für Informationsvermittlung zu verwenden, um das noch einmal zu wiederholen. Wenn Sie eine nützliche Geschichte verinnerlicht haben, wird Ihr Verstand Ihnen automatisch sagen, wann die Kenntnis dieser Geschichte nützlich ist. Sie werden zum Protagonisten und kämpfen gegen eine Windmühle oder gegen einen übermächtigen Riesen, je nachdem, wie Sie das Objekt deuten. Verwenden Sie die Erkenntnis niemals ohne den geschichtlichen Bezug.

Tool Triologie - Epilog

Hier das Modell, das ich in der Geschichte vermitteln wollte: Der Ingenieur ist heutzutage oftmals verdammt, mit Softwaretools und Methoden eine Liebe zu optimieren, die er schon lange nicht mehr richtig liebt. Aber ein Ingenieur ist tapfer. Er macht das Beste daraus und liebt stattdessen seine Tools. Er ist nun sein eigener kleiner Zauberer. Aber

Microsoft hat vorgesorgt. Um die Ingenieure weiter zu knechten und ihre Macht über die Welt zu begrenzen, gibt er ihnen in Absprache mit dem Projektleiter nur Excel, Word, Powerpoint und Outlook als Waffen und überlässt den IT-lern die mächtigeren Waffen, die damit aber nichts materialisieren können und somit keine wirkliche Macht über die Welt haben.

Materialisieren können nur Ingenieure mit ihrer speziellen Geisteskraft und Ausbildung. Jeder, der das kann, sei herzlich im Club der Ingenieure willkommen, auch ohne elitäre Ausbildung. »Ingenieur« ist nur ein Name, nennen Sie es Designer, Künstler, Materialisierer, wie es Ihnen beliebt.

Softwaretools sind nicht kompatibel mit dem Verstand. Der Benutzer kann sie nicht anfassen, er kann sie nicht spüren und vor allem: Er kann beliebig viele Kopien herstellen. Der Ingenieur ist heutzutage so entwurzelt, dass er zum Zuhälter und Dealer wird und andere Ingenieure, in der Hoffnung auf ein Feedback, mit seinen Tools versorgt. Doch das bekommt er nicht. Andere Ingenieure können ein fremdes Tool nicht so lieben, wie sie auch andere Bauteile nicht lieben können, die sie nicht selbst gestaltet haben. Sie haben keine emotionale Bindung zu diesen Tools, es sei denn, sie erleben mit ihnen eine erfolgreiche Geschichte.

Eine erfolgreiche Präsentation mit Powerpoint bringt z.B. ein Modell hervor, das durch Verwendung von Powerpoint die Präsentation erfolgreich macht. Sie sollten den Umstand der erfahrenen Nützlichkeit von Tools nicht mit einer potentiellen Nützlichkeit verwechseln. Ihr Tool kann noch so gut sein. Wenn es keine Gelegenheit gibt, bei der es heldenhaft eingesetzt werden kann, wird es nicht als nützlich angesehen werden. Deswegen spreche ich auch von Tools statt von Software, Programmen und Apps. Nur sein eigenes Tool kann man auch ohne Nützlichkeit lieben.

Also verwenden Ingenieure aufgezwungene Tools unachtsam, widerwillig und desinteressiert. Dem Ingenieur, der das Tool mühsam entwickelt hat, fehlt die Empathie, um das zu verstehen. Das, was er liebt, kann nicht von anderen in gleicher Weise geliebt werden. Es wird nur aufgrund seiner Nützlichkeit gebraucht.

Der Ingenieur ist kein vollständiger Schöpfer. Erinnern Sie sich, was einen Schöpfer ausmacht? Welche Tugenden er zusätzlich benötigt? Wenn Sie sich daran erinnern können, bekommen Sie zwei Punkte, wenn nicht, dann bekomme ich einen Punkt.

:

Es ist schwer, sich die einfachsten Sachen zu merken, wenn Sie nicht Ihren eigenen Gedanken entspringen, oder in eine denkwürdige Geschichte verpackt sind.

»Sie als Schöpfer sind ein Designer und Unternehmer. Sie sind jemand, der theoretisches Wissen und Handwerk nutzt, um neue Dinge zu erschaffen.«

Lassen Sie außer Acht, dass es müßig ist, einen Designer, Ingenieur, Konstrukteur, Künstler, Bastler, Heimwerker usw. begrifflich zu trennen, es geht um die mentale Haltung.

Es ist abschließend erforderlich, die Aspekte des Unternehmertums zu beleuchten, um langsam zu verstehen, was einen Schöpfer im Ganzen ausmacht.

Doch zuvor betrachten Sie einmal Ihren Punktestand. Liegen Sie schon abgeschlagen zurück? Haben Sie ihn bereits nicht mehr verfolgt? Dann hören Sie einfach mit dem Lesen auf. In Ihnen schlummert kein Schöpfer. Sie wollen

Ihren Verstand nicht meistern. Sie wollen unterhalten werden. Das biete ich Ihnen zwar auch, aber Sie müssen sich nicht von mir demütigen oder belehren lassen. Sie verlangen vielleicht Beweise für meine Thesen, aber meine Ausbildung ist weder wissenschaftlich, noch philosophisch, noch religiös und schon gar nicht praktisch. Anderseits ist Lernen durch Schmerz sehr effektiv. Ich hoffe übrigens, Sie bluten bereits mental.

Gefühlsleben

Finden Sie es anstrengend, das Gelesene zu verarbeiten und etwas Gewinnbringendes für Ihr Leben zu extrahieren? Sie könnten doch zur Abwechslung dieses Buch einfach beiseitelegen und irgendetwas in Ihrem Sichtfeld betrachten.

Sind Sie noch da? Können Sie mir sagen, was Sie gerade ansehen würden, wenn Sie dieses Buch für eine Sekunde aus der Hand legen? Machen Sie dies und lenken Sie Ihre Gedanken auf dieses Objekt, nicht konzentriert und auch nicht abwesend.

Betrachten Sie neben diesem einen Objekt ein weiteres Objekt in Ihrem Blickfeld und lenken Sie Ihre Gedanken auf beide in etwa gleichem Maße. Betrachten Sie wieder ein Objekt und dann wieder zwei. Merken Sie einen Unterschied?

Betrachten Sie ein Objekt, richten sich Ihre Gedanken von Ihrem inneren Modell Ihres Individuums auf dieses Objekt. Lohnt sich der Anblick für Sie? Finden Sie es schön oder abstoßend? Möchten Sie ihm näher kommen? Möchte Sie es besitzen?

Richten Sie Ihre Gedanken hingegen auf zwei Objekte, beginnen Sie unweigerlich Gemeinsamkeiten und Unterschiede zu analysieren und Sie denken nicht mehr an sich. Die Unterschiede und Gemeinsamkeiten zwischen den Objekten können so einfache Sachen wie Farbe und Form sein oder sich in komplexen Sachen wie Nutzen äußern. Desto eingehender Ihre Analyse der beiden Dinge, desto mehr verfallen Sie dem Nachdenken und verlieren Ihre restliche Umwelt aus den Augen. In diesem Moment ist Ihre Perspektive nicht mehr selbstbezogen.

In beiden Fällen handelt es sich zwar um einen dichotomen Kontrast, doch es gibt einen wesentlichen Unterschied. Wenn sich der Kontrast zwischen Ihnen selbst und dem Objekt aufbaut, erstellen Sie eine emotionale Verbindung. Bauen Sie den Kontrast zwischen zwei Objekten auf, ist es eine analytische Verbindung. Wenn ich beide Verbindungsarten vergleiche, nenne ich das eine »analytisch«, das andere »emotional«, was ebenfalls nur ein dichotomer Kontrast für ein-und-dasselbe Prinzip ist. Sie müssen es nicht dichotomen Kontrast nennen, wenn Ihnen diese Bezeichnung künstlich vorkommt. Es sind nur Wörter, nennen Sie es, wie Sie wollen, es ändert nichts an der Existenz dieses Prinzips. Sie können es jederzeit prüfen, indem Sie diesen Versuch unternehmen.

Versuchen Sie drei Objekte zu betrachten. Sie werden sehen, dass ihre Gedanken immer hin und her springen. Sie vergleichen immer nur zwei Dinge miteinander und tun dies abwechselnd zwischen den Dreien und dem Modell Ihres Individuums. Wenn Sie das eine Zeit lang machen, streben Sie unwillkürlich nach einem übergeordneten Modell und die Gemeinsamkeit der drei Dinge drangt sich Ihnen z.B. in ihrer geometrischen Anordnung zueinander auf. Oder Sie sehen den gemeinsamen Raum, der sie umgibt, oder denken, dass alle drei vielleicht menschengemacht sind.

Das Hin und Her Ihrer Konzentration wird Sie anstrengen. Ein übergeordnetes Modell zu finden, wird Sie innerlich befriedigen, da Sie auf diese Weise ein monokratisches Gefüge Ihrer Modelle hergestellt haben. Durch die Analyse von Gemeinsamkeiten und Unterschieden haben Sie ein Modell entwickelt. Das Prinzip nennt man Klassifikation. Es ist ein zutiefst beruhigendes Gefühl, wenn Ihr Verstand klassifiziert oder, um es anders zu sagen, »in Schubladen steckt«. Sie können auf diese Weise übergeordnet wiederum zwei Schubladen miteinander vergleichen. Sie können sich überlegen, welche emotionale Verbindung zur jeweiligen Schublade Ihnen mehr zusagt. Sie können sich für die Schublade und damit für alle enthaltenen Dinge entscheiden oder entsprechend andersherum. »Gut« ist dann die Klasse, für die Sie sich entscheiden und »schlecht« die Klasse, gegen die Sie sich entscheiden. »Richtig« und »falsch«, »hell« und »dunkel«, »Licht« und »Dunkelheit«. Alles läuft auf eine Entscheidungsfindung hinaus. Ich werde das erneut in einer Geschichte vermitteln.

Stellen Sie sich vor, dass Sie in einer Pizzeria-Restaurante mit viel Laufkundschaft sitzen. Sie haben eine Karte mit vielen Gerichten vor sich, die kategorisiert über mehrere Seiten auf der Karte zu finden sind. Sie überlegen, ob Sie lieber Pasta oder Pizza essen möchten. Haben Sie sich emotional für die »Klasse« Pizza entschieden, müssen Sie weiterhin zwischen den einzelnen Belagoptionen entscheiden. Sie haben das Ziel, die emotional stärkste Geschmackserfahrung zu erleben. Dieses Auswahlverfahren bereitet Ihnen jedoch insgesamt Unbehagen, weil Sie während dieser Entscheidungsfindung oft Erfahrungen aufrufen, was Sie geschmacklich nicht anspricht.

Der kleine Italiener »an der Ecke« hingegen will in erster Linie, dass sich seine Kunden wohlfühlen und wiederkommen. Bei ihm kommt es nicht nur auf die Geschmackserfahrung, sondern hauptsächlich auf die gesamte Erfahrung an, das Ambiente. Er bietet eine Handvoll Gerichte auf einer Tageskarte an. Das ist nicht seiner kleinen Küche geschuldet. Weiterhin gibt er sich nicht die Mühe, diese zu klassifizieren. Er weiß, dass selbst eine Handvoll Gerichte zu viel für eine sich gut anfühlende Entscheidung ist. So preist er Ihnen der Reihenfolge nach jedes Gericht an. Verlassen Sie sich darauf, dass er das täglich macht. Er wird aus Ihrer Körpersprache ablesen können, was Sie am liebsten wollen, ohne dass Sie drüber bewusst nachdenken müssen. Er wird es Ihnen aus Höflichkeit nicht sagen. Er wird verhindern wollen, dass Sie aus oben genanntem Grund zu lange abwägen.

Sie können Ihre Entscheidung wie folgt emotional optimieren. Sie müssen sich merken, ob Sie das aktuelle Gericht in seiner Aufzählung mehr begehren als das vorherige. Wenn er mit der Aufzählung fertig ist, wählen Sie das letzte Gericht, das Sie begehrten. Sie arbeiten so Stück für Stück mit einfachen Kontrasten, wobei Sie nur zwischen emotionalem und analytischem Kontrast jeweils zweier Gerichte umschalten müssen. Der geschäftstüchtige Italiener platziert die Gerichte mit der größten Gewinnspanne idealerweise unten auf der Karte, da die Wahrscheinlichkeit, bei diesem Auswahlverfahren im unteren Bereich zu landen, hoch ist. Vielen widerstrebt dieser spontane Entscheidungsprozess.

Sie wollen lieber optimieren, auch wenn das Unbehagen bedeutet.

Entscheidungen auf Basis von analytischen Kontrasten zu fällen, wurde von Ingenieuren perfektioniert, wobei verhindert wird, im unteren Bereich zu landen. Es ist Ingenieuren als »Paarweiser Vergleich« bekannt. Hierbei handelt es sich um ein Verfahren, das z.B. genutzt wird, um die Wichtigkeit von Kundenanforderungen zu bestimmen. Sie machten sieben Merkmale aus, die Kunden an ihrem Produkt wichtig sind. Welche sollen Sie nun für Ihre nächste Generation mit Ihren begrenzten Ressourcen optimieren? Der Reihe nach vergleichen Sie jeweils zwei Aspekte unabhängig von allen anderen Aspekten miteinander und benennen den Sieger. Anschließend können Sie durch einfache Mathematik eine Rangliste festlegen. Diese Rangliste wird in guter Übereinstimmung mit der sein, die Sie intuitiv durch aufwändiges Abwägen, also multiplem Umschalten zwischen resonanten Verbindungen, erstellt haben. Durch die Abkürzung dieser Methode haben Sie allerdings die Gelegenheit verpasst, Gemeinsamkeiten in den Anforderungen und eine verbindende Struktur, also übergeordnete Modelle zu finden. Das würde Unbehagen bereiten. So finden die Anwender es toll, dass die Entscheidung emotionslos funktioniert, und erachten das als großen Vorteil der Methode.

Es ist nicht gerade ein inspirierendes Verfahren und eines Schöpfers nicht würdig, denn Sie verlieren schnell die emotionale Perspektive bei rein analytischen Vergleichen. Sie werden durch diese Art der Selektion keine Begeisterungsfaktoren in Ihren Produkten erreichen und nicht auf Ideen für Innovationen stoßen. Sie sollten als Schöpfer in Ihre Entscheidungsfindung analytisches und emotionales Denken einbinden und stark verweben. Sie als Schöpfer sind der

Italiener an der Ecke und nicht der Pizzeria-Betreiber in der Einkaufsmeile.

Wo wir bei südländischem Temperament sind, stellen Sie sich ein Gespräch mit einem sehr emotionalen Menschen vor, wie nervig seine emotionale Selbstbezüglichkeit auf Dauer ist. Vergleichen Sie es mit einem Gespräch mit einem absoluten Kopfmenschen, wie langweilig dieses Gespräch ist und wie wenig Zwischenmenschliches es enthält.

Führen Sie am liebsten Gespräche mit interessanten Menschen, die selbstreflektierte Erfahrungen teilen, Persönlichkeit besitzen und Charisma ausstrahlen? Was denken Sie, macht diese Menschen so? Warum erscheint Ihnen die Nähe zu solchen Menschen erstrebenswert? Warum folgen Sie solchen Menschen? Warum übernehmen Sie blindlings die Meinungen einer solchen Person? Woher schöpfen diese Individuen ihre Macht über andere? Etwa, weil andere Menschen die Meinungen übernehmen, weil es so angenehm ist, wenn sich eine Meinung richtig anfühlt und eine Entscheidung keinen Konflikt verursacht? Etwa, weil diese Personen überzeugende Geschichten erzählen, die so stimmig sind, dass sie diese nur abnicken können? Seien Sie gewiss, dass Ihr Verstand in einem solchen Moment hochgradig manipuliert wird. Sie verlieren einen solchen Zweikampf haushoch, ohne dass Sie sich des Kampfes bewusst sind.

Ich fasse das Wesentliche des Abschnitts zusammen: Während der analytische Kontrast zwischen zwei Objekten Sie zu einem Kopfmenschen macht, macht Sie der emotionale Kontrast zwischen Ihnen und einem Objekt zu einem Gefühlsmenschen.

Es sind alle Zwischenstufen möglich und erwünscht. Während ein analytischer Kontrast zu neuen Modellen führt,

führt der emotionale Kontrast zu Emotionen und zu Entscheidungen. Während ein emotionaler Mensch impulsiv und unüberlegt entscheidet, entscheidet ein nachdenklicher Mensch im Zweifel gar nicht. Warum auch, wenn die Entscheidung dem Betroffenen gefühlsmäßig nicht nahegeht.

Das, was wir als individuelles Bewusstsein in unserer abendländischen Kultur wahrnehmen, ist der Moment, in dem unser Verstand zwischen analytischem und emotionalem Kontrast umschaltet. Es ist der Moment, wenn der Verstand die Erfahrung macht, dass eigene Modelle erheblich und unirrtümlich abweichen. Sie fühlen Ihre Individualität, weil diese Abweichung ein Handeln erforderlich machen könnte.

Ganz allgemein empfinden Sie Erkenntnisse, die Sie aus Erfahrungen gewonnen haben, als Gefühl. Gefühle sind der Output eines emotionalen Kontrastes, der Ihr Handeln verursacht. Ihr Verstand beinhaltet Ihre Gedankenwelt und Ihr Gefühlsleben. Ich habe nie davon gesprochen, dass Sie Ihr Bewusstsein oder Ihr Denken meistern müssen, sondern dass Sie Ihren Verstand im Ganzen meistern müssen, um ein Schöpfer zu werden.

Wie komme ich auf die Idee, so etwas wie Bewusstsein so trivial darzustellen? Ich nehme Ihnen ein liebgewonnenes Modell weg. Beobachten Sie Ihr eigenes Empfinden darauf. Ihre wütende bzw. verständnislose oder auch erstaunte Reaktion ist ganz natürlich. Wenn Ihr Gefühl am Ende des Absatzes feststeht, werden Sie handeln. Entweder Sie sagen, das habe ich so noch nicht betrachtet und wollen mehr, oder Sie suchen einen Fehler in meiner Argumentation. Damit komme ich zu meinem letzten Leitsatz.

V: Es kann nicht sein, was nicht sein darf.

Blicken Sie zurück auf Ihre bisherige Reise. Haben Sie das »Gefühl«, dass Sie vorangekommen sind? Denken Sie, dass ich Ihnen helfen kann, Ihren Verstand zu entfesseln? Denken Sie, dass ich es ernst mit der Entfesselung meine?

Sie sind nun bereits einige Zeit auf Ihrer Reise. So langsam habe ich meinen Vorschuss verbraucht. Sie werden immer skeptischer. Denken Sie, dass ich meine Versprechen noch einlösen kann? Wie ist Ihre Prognose? Denken Sie, da kommt noch eine höhere Erkenntnis, die allen anderen Erkenntnissen einen Sinn gibt? Ein großes Finale? Denken Sie nicht, dass dies nur ein übergeordnetes Modell wäre, also eine monokratische Klassifizierung?

Nun gut. Ich beantworte kurz die philosophische Frage nach dem Sinn, damit wir in Ruhe weiter machen können. Ich habe bereits viele Teile des großen Ganzen mit der Taschenlampe für Sie abgeleuchtet. Gedanken führen zu Gefühlen und Gefühle zu Entscheidungen. Entscheidungen führen zu Handlungen. Handlungen führen zu Erfahrungen und Erfahrungen führen wieder zu Gedanken. Ihr Verstand ist eine mentale Maschine, die sich von ganz alleine gegen das Universum auflehnt. Der Regelkreis dieser Maschine innerhalb Ihrer Schädeldecke optimiert sich gerade selbst. Und wenn er das tut, kann das nur einem einzigen Zweck dienen: Es will sich effektiver gegen das unbelebte Universum auflehnen.

Fühlen Sie sich mit dieser monokratischen Erklärung nun auf irgendeine Art und Weise erlöst?

Die Entscheidung

Ich komme zum Ende Ihrer Grundausbildung auf die Ausdauer, bzw. das Unternehmertum zu sprechen, das ein Schöpfer aufbringen muss, um diese Veränderungen herbeizuführen. Es ist schnell erklärt. Ein Schöpfer wird es von ganz alleine tun, sollte sein Regelkreis stabil funktionieren und einen hohen Wirkungsgrad aufweisen. Er darf dabei nur nicht durch Umweltbedingungen ausgebremst werden. Ihr Zellhaufen besteht nur zu diesem einen Zweck, Ausdauer zu zeigen, um Veränderungen herbeizuführen.

Warum habe ich diese Marginalität als zweites großes Kriterium neben dem schöpferischen Geist dargestellt? Der Verstand lässt sich von einfachen Dichotomien blenden. Sie erwarten die höhere Erkenntnis als Kombination zweier separater Dingen. Überprüfen Sie es.

»Erstens: Sie müssen den Schöpfungswillen in sich tragen. Zweitens: Sie müssen die Ausdauer haben, Ihre Schöpfung zu realisieren.«

Der Verstand und die Welt um den Verstand herum bestehen nicht aus Dichotomien. Der Verstand kann mit sich selbst und der Welt um ihn herum allerdings nur durch Dichotomien und Modellierung interagieren.

Ich warne Sie nun, dass Sie nicht weiterlesen sollten, wenn Ihnen die bisherigen Gedanken Unbehagen bereiten. Sie sind an einer Stelle angelangt, vor der ich eingangs warnte, dass es nach ihr kein Zurück mehr gäbe.

Sie denken vielleicht: Ist doch klar, dass ein Ingenieur das Gehirn als Maschine auffasst. Jeder kann mit etwas Übung so lange mit Argumenten und Ideen jonglieren, bis sie Sinn ergeben. Darauf antworte ich Ihnen: Ja und nein, und argumentiere es mit einem alten Politikertrick: Natürlich ist auch die vermeintliche Weisheit einer Generation nur die törichte Belustigung der nächsten Generation. Allerdings sind Sie bereits die nächste Generation.

Sie sind mit Ihrer Reise an einem Wendepunkt angelangt, ab dem es kein Zurück mehr gibt. Setzen Sie die Reise fort, werden Sie die Grundpfeiler Ihrer Moral und Ihrer persönlichen Integrität einreißen, um aus der Asche etwas Neues entstehen zu lassen. Sie haben nun die freie Entscheidung, ob Sie weiterlesen wollen oder nicht. Sie haben das Grundprinzip eines schöpferischen Verstandes verinnerlicht. Im Folgenden werden Sie, Gesetz des Falles, Sie lesen weiter, Ihre Maschine Stück für Stück weiter optimieren. Sie wissen, was letztendlich dabei herauskommt. Egal was Sie tun, Sie müssen sich gleich entscheiden. Nehmen Sie sich für diese Entscheidung Zeit. Ach nein, das alleine bringt Ihnen ja nichts. Sind Sie wirklich frei in Ihrer Entscheidung? Es wird die wichtigste Entscheidung Ihres Lebens sein. Lesen Sie nicht zur Unterhaltung weiter, ohne sich vorher bewusst zu entscheiden. Vertrauen Sie auf den schöpferischen Geist in Ihnen.

Entscheiden Sie genau jetzt!

Interludus

Das Universum ist von vollkommener Schönheit. Um das zu beweisen, ließ das Universum die Menschen vom Nektar der Erkenntnis kosten, so dass sie ihre eigene Welt nach eigenen Regeln erschaffen konnten. Die Menschen berauschten sich zunächst am Nektar, ohne zu wissen, was sie da eigentlich taten. Sie wussten nicht, dass es eine süchtig machende Substanz ist. Sie bemerkten auch nicht, dass sich im gleichen Maße die Verlogenheit in ihre Welt schlich. Als die Menschen dies erkannten und ihnen langsam dämmerte, dass ihre Gesetze niemals ebenwürdig und von gleicher Schönheit wie die Natur sein könnten, brauten sie aus dem süßen Nektar der Erkenntnis voller Verzweiflung die bitteren Säfte des Glaubens und der Vernunft. Es war jedoch ein hoffnungsloses Unterfangen und die Verlogenheit zeigte sich stets umso mehr, desto konzentrierter die Essenz war. Voller Verzweiflung verdünnten sie den Nektar und flößten ihn sich gegenseitig dafür umso mehr ein. Das Universum wollte die Niederlage der Menschen und damit den Beweis der vollkommenen Schönheit gerade anerkennen, als etwas Unvorhersehbares geschah. Erschöpft vom Kater ihres maßlosen Rausches akzeptierten einige Menschen die untrennbar verbundene Verlogenheit, die mit jeder Erkenntnis daherkommt. Zur Überraschung des Universums naschten die Menschen daraufhin genüsslich weiter. Die Menschen lachten nun im Rausch ihrer Erkenntnissucht und riefen dem Universum fröhlich entgegen, dass es bereits verloren hatte, als es den Menschen naschen ließ.

Teil 2

»Die Quadratur des Kreises ist irrelevant, weil es keine idealen Kreise und keine idealen Quadrate in der Natur gibt, die umzurechnen wären. Nur Gedanken sind ideal, aber die sind naiv und unnatürlich.«

Die Frage nach der Frage

Sie haben sich entschieden, weiter zu lesen. Also gut. Haben Sie gemerkt, wie ich Sie bisher immer direkt ansprach und dann Ihre Aufmerksamkeit auf zwei Dinge lenkte? Ich zwang Sie beim Lesen, zwischen dem emotionalen, selbstbezogenen Kontrast zu mir und dem analytischen Kontrast zwischen den Dingen, von denen ich erzähle, umzuschalten. Wenn ich es übertrieb, waren Sie geneigt, mir nicht zu glauben.

Spüren Sie das emotionale Unbehagen? Ist es vielleicht der Kampf in Ihrem Verstand zwischen der Option, mir in der Hoffnung zu glauben, dass ich für Sie noch das Tor zu einer höheren Wahrheit aufstoßen werde, und der Option, mir nicht zu glauben, da es alles nur ein Trick sein könnte, um Sie vorzuführen?

Über diese Absicht nachzudenken, bringt Sie nicht weiter. Vielleicht erzähle ich es Ihnen noch oder auch nicht. Fragen Sie sich nicht, *warum* ich das geschrieben habe. Stellen Sie die Frage richtig, und fragen Sie, *wie* ich es geschrieben habe, oder *was* ich geschrieben habe. Das sind Fragen, auf die Sie mit Ihrem Verstand Antworten finden. Auf eine *Warum*-Frage werden Sie keine Antwort finden.

Zu welcher Option, das Gelesene zu bewerten, tendieren Sie? Wie ernst ist mir das Geschriebene? Kommt Ihnen irgendetwas bekannt vor? Habe ich Ideen von anderen adaptiert? Bin ich glaubwürdig?

Ich würde ganz allgemein sagen, es hängt davon ab, wie schwarz und weiß die beiden Pole sind, zwischen denen Sie denken. Sind die beiden Pole hell- und dunkelgrau, welchen Freiraum haben Sie, um zu entscheiden? Sollten Sie Ihre gedanklichen Ressourcen einsetzen, um möglichst optimal

Ihre Entscheidungen zwischen diesen Graustufen zu treffen oder sollten Sie lieber Ihre Ressourcen einsetzen, um die Pole in Richtung Schwarz und Weiß zu erweitern. Kompensiert der Mehraufwand, sich neue Erfahrungen zu beschaffen, den schwierigen Entscheidungsprozess zwischen Grau und Grau? Oder fällt die Entscheidung nicht im Umkehrschluss schwerer, desto größer die Spanne ist, und umso mehr Erfahrungen Sie in dieser Spanne relativ einsortieren müssen?

Nehmen Sie beispielsweise das Modell in Ihrem Kopf, das Ihnen sagt, was ein Schatten ist. Ist ein Schatten ein Resultat einer Projektion eines Objekts durch eine Lichtquelle auf ein anderes Objekt?

Wie finden Sie die Idee, dass sich die Entfesselung des Verstandes an der Deutung eines solchen Schattens ausmachen lässt? Ist der Schattenwurf eine passende Analogie der Selbstwahrnehmung unseres Verstandes? Lohnt es sich überhaupt solche Fragen zu stellen? Bedeutet es nicht in Konsequenz, dass Sie weitere Fragen formulieren müssen, um eine solche Frage zu beantworten? Was ist Licht und was ist ein Objekt und wie stehen sie in Beziehung zueinander? Gibt es nicht eine Grenze, ab der Sie zwangsläufig aus einer objektiven Betrachtung, der die meisten Menschen zustimmen würden, in andere Bereiche vorstoßen? Sollten Sie gleich die Abkürzung der subjektiven Sicht nehmen, also der rein selbstbezogenen Wahrnehmung?

Für mich ist beides in Ordnung. Hauptsache Sie lassen sich nicht von solchen Denkschablonen auf Ihrer Reise in Ihren Verstand aufhalten. Sie brauchen nützliche und keine dogmatischen oder philosophischen Hilfsmittel für Ihre

Reise. Und Sie haben bereits einige. Ich fasse diese noch einmal zusammen, bevor ich Ihnen zeige, wie man damit Probleme angehen kann und dabei lernt, die Fragen richtig zu formulieren.

Da wäre zum einen die zentrale Idee von der Dichotomie des Verstandes, mit der das »ein-und-dasselbe« in zwei scheinbar unterschiedliche, sich gegenüberstehende Facetten zerlegt wird. Wenn Sie direkt an das »ein-und-dasselbe« herantreten, wechseln Sie in die Denkschablone der »Spiritualität«. Wenn Sie innerhalb der dichotomen Anschauung bleiben, denken Sie entweder »analytisch« oder »emotional«, was den Denkschablonen »vernünftig« und »menschlich« entspricht. Sie suchen natürlich das perfekte Zusammenwirken aus beiden, der Denkschablone des »gesunden Menschenverstandes«.

Wenn Sie jedoch etwas aus dem dichotomen Kontrast direkt mit dem »ein-und-dasselben« verknüpfen, steigt Ihr Verstand mit der Fehlermeldung der »Selbstbezüglichkeit« aus.

Erinnern Sie sich noch an die Creatoren und an die Chronologs? Vielleicht ist es ein nützliches Modell, das Ihnen hilft, Ihre eigenen Gedanken auf Nützlichkeit zu prüfen, vielleicht auch nicht. Ist es generell zutreffend oder einfach nur nützlich, sich die Vorgänge in seinem Verstand in Modellen vorzustellen? Wer oder was denkt und fühlt nun in Ihrem Körper?

Nun ja, »das da« ist die übergeordnete, spirituelle Ebene. Das Verständnis für »das da« ist die Zerlegung des »das da« in einen dichotomen Kontrast, z.B. dem Modell der Creatoren und Chronologs oder der Zerlegung in eine subjektive und objektive Welt oder die Zerlegung in ein Bewusstsein und in ein Unbewusstsein oder die Zerlegung in urzeitliche Kleinhirnareale und evolutionäre Großhirnareale.

Unabhängig davon sollten Sie sich immer im Klaren sein, was für eine Frage Sie stellen. Stellen Sie die spirituelle *Warum*-Frage, stellen Sie die vergleichende *Was*-Frage oder stellen Sie die pragmatische *Wie*-Frage?

Warum bin ich?
Was bin ich?
Wie kann ich irgendwas, wie z.B. kreativer, werden?

Ich hatte Ihnen erzählt, dass Sie sich vorstellen können, dass Ihr Verstand eine kognitive Taschenlampe führt, mit der er Stück für Stück die Dinge beleuchtet. Die Taschenlampe hat zwei Modi. Entweder sie lässt zwei Objekte Ihrer Erfahrungswelt in analytische Resonanz geraten, so dass Sie diese analysieren können oder sie lässt eines dieser Objekte oder Klassen mit Ihnen in emotionale Resonanz geraten, so dass Sie begehren können, wodurch Sie letztendlich Entscheidungen treffen.

Was ist nun also diese »mit Ihnen«? Was ist diese merkwürdige Empfindung des eigenen »Seins«? Nun, zunächst einmal empfinden Sie es nur, wenn Sie eine Resonanz zu einer Abbildung Ihres Individuums in Ihrem Verstand aufnehmen. Diese Abbildung ist nichts anderes als ein Modell, das darauf basiert, welche Erfahrungen Ihr individueller Verstand mit anderen Individuen gemacht hat. Die Aufteilung in Bewusstsein und Unbewusstsein ist eine rein kulturelle Lehre. Keine neurologische Erkenntnis lässt darauf schließen, dass es zwei Bewusstseinsarten gibt.

Gleichzeitig verortet die neurologische Lehre beide Phänomene im Gehirn. Der Grund, warum Sie von der Existenz von Bewusstsein und Unbewusstsein überzeugt sind, ist nicht mehr als die Lehre eines Modells, das Ihnen vermittelt wurde. Damit will ich dieses Modell nicht schlecht reden. Wenn Sie fragen, wie Ihr Individuum funktioniert, können Sie eine Antwort nur durch eine Dichotomie konstruieren. Und das ist eine mögliche Variante. Es wurde allerdings mangels Alternativen zu einer Weisheit und dann zu einer Überzeugung und dann zu einem Glauben. Hier liegt das Problem. Nur weil etwas ständig aus allen Kanälen heruntergebetet wird, ist es nicht wahr oder sinnvoll. Es ist schwer sich von etwas zu trennen, mit dem man sein ganzes Leben konditioniert wurde. Sie bekommen die tief verwurzelte Vorstellung von Bewusstsein und Unbewusstsein auch nicht ohne Weiteres aus Ihrem Kopf. Versuchen Sie sich zu erinnern, wann Sie das erste Mal mit diesem Konzept in Berührung gekommen sind und fragen Sie sich, was Ihnen diese Vorstellung für einen praktischen Nutzen im Leben gebracht hat? Hier können Sie ansetzen. Was bringt es Ihnen, an ein übermächtiges Unbewusstsein zu glauben, das Ihr Bewusstsein so fest im Griff hat, dass Sie eigentlich nur hilflos zuschauen können? Bringt es Ihnen Trost, dass Sie wissenschaftliche Erklärungen für Ihr Verhalten finden? Wollen Sie sich damit abfinden, oder wollen Sie sich von diesen Fesseln lösen?

Ich habe Ihnen mit der Beschreibung der Chronologs und der Creatoren eine Alternative angeboten. Diese erlaubt es Ihnen, sich langsam von diesem naiven Glauben zu lösen. Gleichzeitig biete ich Ihnen ein höheres Modell an, das sagt, dass Ihr Verstand zwanghaft mit Hilfe eines dichotomen

Kontrastes Modelle erstellt und Erfahrungen speichert. Unter diesem Theoriedach lassen sich beide Theorien beherbergen. Dieses Dach ist ebenfalls nur ein Modell. Auch wenn es scheint, dass es die letzte Wahrheit sein könnte, verbietet sich diese Haltung von selbst.

Ich möchte Sie nicht überzeugen, dass es so etwas wie Bewusstsein und Unbewusstsein nicht gibt. Ich will Sie überzeugen, dass es nur ein Modell ist, dessen Nützlichkeit Sie hinterfragen sollten. Um es klar zu formulieren, es gibt weder Bewusstsein noch Unbewusstsein noch Creatoren noch Chronologs. Ich muss allerdings sagen, dass es Dichotomie und Modelle gibt. Das aber nur aus Mangel eines weiteren übergeordneten Modells, unter dem alles wieder monokratisch zusammengefasst sein könnte. Solange betrachte ich die letzte monokratische Spitze dogmatisch als Wahrheit, die keiner Erklärung und keiner Deutung bedarf. Ein Schöpfer beurteilt diese oberste spirituelle Ebene nur nach ihrer Nützlichkeit und auf keinen Fall nach ihrer Bedeutung, denn das vermag die dichotome Struktur des Verstandes nicht.

Was hat es nun mit den verschiedenen Fragetypen auf sich? Beobachten Sie im Folgenden die nicht eingängige Erklärung, wenn ich statt eines dichotomen Kontrastes von zwei Dingen auf einen Kontrast von drei Dingen wechsle.

Eine *Was*-Frage ist ein Zwischenzustand von der *Warum*-Frage zur *Wie*-Frage. Nachdem ich weiß, *was* ich bin, *wie* kann ich es nutzen? Durch diesen Trick schafft es der Verstand, etwas durch Modellbildung aus dem Bereich des Spirituellen (des unerklärlich Vorhandenen) in die Welt der Erfahrung zu holen.

Merken Sie, was die Idee dahinter ist? Verstehen Sie, wie Sie durch den Nebel sehen können, den Ihr Verstand umgibt? Alles, was der Verstand nicht versteht, aber nutzen möchte, zerlegt er in eine dichotome Facette, z.B. rationale Logik und emotionales Handeln. Warum sollte es z.B. einen Grund geben, weshalb der Mensch entweder genau rational oder emotional handeln kann? Was hätte die Natur für einen Grund, ein so willkürliches, gleichwertiges und konkurrierendes Konstrukt zu erschaffen? Wie sollte es der Natur möglich sein, so etwas zu realisieren? Vielleicht mit einem Modell, das man Evolution nennt? Oder einem Modell, das man Kreationismus nennt? Als ob die Natur oder Gott Modelle und Theorien bräuchten, um zu funktionieren. Von sich auf andere zu schließen, ist schon trügerisch, aber von sich auf die Natur oder Gott schließen?

Ein Schatten ist ein solches Naturphänomen und kein Phänomen des Verstandes. Sie können es direkt mit Ihren Sinnen erfahren. Sie schließen von Ihrem Verstand jedoch auf das Naturphänomen. Sie sagen, dass es dem Prinzip Ursache-Wirkung folgt. Eine Lichtquelle leuchtet als Ursache und als Wirkung entsteht anderswo ein Schatten.

Wenn Sie akzeptieren, dass er ein Produkt aus einer Lichtquelle und einem Objekt ist, beides sind Dinge, die Sie mit Ihren Sinnen erfahren können, können Sie ein Modell erstellen, um vorherzusagen, wie sich der Schatten verändern wird. Durch diese Modellierung können Sie dieses Phänomen beeinflussen. Sie könnten z.B. vorhersagen, ob Sie zur Mittagszeit genügend Schatten in der Savanne finden werden oder an einem Lagerfeuer mit Ihren Händen Schattenspiele für Kinder entwickeln können. Das Modell, das Sie für diese Nützlichkeit brauchen, beinhaltet, *wie* ein Schatten funktioniert.

Fragen Sie hingegen, *was* ein Schatten ist, verknüpfen Sie andere erfahrbare Dinge (also letztlich immer Modelle) damit. Die Frage nach dem *was* ist die Suche nach etwas Vergleichbarem in Ihrem Erfahrungsschatz mit einem analytischen Kontrast. Wenn Sie also die Selbstwahrnehmung des Verstandes mit einem Schatten vergleichen, verknüpfen Sie beide Modelle mitsamt den assoziierten Modellen.

Wenn Sie jedoch fragen, *warum* es Schatten gibt, kommen Sie in die unangenehme Situation, ständig weitere Fragen stellen zu müssen, um diese vermeintlich einfache Frage zu klären. Vielleicht argumentieren Sie mit den Naturgesetzen der Optik. Doch warum gibt es Naturgesetze? Und verwenden Sie dann die Theorie der geometrischen Optik oder die Theorie der Wellenoptik? Schnell gelangen Sie zu der Frage, was Licht ist. Ist es dann Teilchen oder Welle?

Fragen Sie sich, warum es wichtig sein könnte, zu wissen, *warum* es einen Schatten gibt, wenn es darauf niemals eine abschließende Antwort gibt.

Zunächst stellt Ihr Verstand *Warum*-Fragen nur, wenn er dafür gerade Zeit hat und er nicht für das Überleben Ihres Körpers sorgen muss. Er generiert aus solchen Überlegungen Modelle, die dem Verstand über viele Umwege vielleicht neuartige Modelle außerhalb der sensorischen Erfahrung liefern können, die zu einem späteren Zeitpunkt nützlich sein könnten.

Weshalb also nicht immer gleich nach dem *wie* fragen, wenn eine *Warum*-Frage niemals zu beantworten ist? Nur durch das Bedürfnis, die Frage des *Warums* zu stellen, entstehen wirklich neue Gedanken, die unabhängig der direkten Sinneserfahrung nützlich sind.

Wenn Sie ein neugieriger Mensch sind und sich ständig nach dem *Warum* von etwas fragen, das Sie beobachten, modellieren Sie dabei vielleicht Prinzipien, die das Zusammenleben mit anderen Menschen verbessern könnten und das ist dann nützlich. Wenn Sie lange genug über die Frage nachdenken, warum Sie auf dieser Welt sind, werden Sie darauf nie eine Antwort finden. Aber Sie werden vielleicht etwas anderes finden, das sich in irgendetwas Nützliches in dieser Welt umsetzen lässt.

Um es spirituell zu sagen, Sie holen mit solchen Fragen etwas aus der spirituellen, also der nicht-erklärlichen und nicht-nutzbaren Welt, in Ihre erfahrbare und beherrschbare Welt. Aber es ist sicherlich nicht das, was Sie ursprünglich aus der spirituellen Welt holen wollten. Das ist der Grund, warum Gurus, Propheten, Wissenschaftler und Ideologen oftmals so verstrahlt mit ihren Weisheiten daher kommen. Das ist der Grund, warum Genie und Wahnsinn sich so nahe stehen.

Auf meiner Reise habe ich gefährlich oft aus diesem Reich geschöpft, um an die Gedanken zu kommen, die ich Ihnen hier zu vermitteln versuche. Sie als Schöpfer werden nun die Fesseln Ihres Verstandes abwerfen und sie stattdessen als Kletterseil benutzen. Sie werden ebenfalls in dieses Reich hinabsteigen, ohne sich in Ihren Fesseln zu verknoten oder abzustürzen. Sie werden mit etwas Glück aus diesem Reich mit tollen Ideen zurückkommen, doch Sie sollten sich niemals umsehen, wenn Sie zurückkommen, auch wenn die Verlockung noch so groß ist. Ich rate Ihnen, jede Idee und jeden neuartigen Gedanken mit Demut in Empfang zu nehmen, denn der lange Weg der weltlichen Schöpfung beginnt erst mit diesem Schritt.

Das Wir in uns

Es gibt nun kein zurück mehr, falls Sie dieses Gedankengut akzeptieren. Sie haben die alte Lehre des bewussten Denkens, des emotionalen Handelns und der verborgenen Ebene des Unbewussten gegen nützlichere Modelle ausgetauscht. Das ist noch nicht in diesem Moment geschehen, aber der Keim dieser Idee ist in Ihrem Verstand gesät und muss jetzt nur noch sorgfältig aufgezogen werden. Sie werden in geraumer Zukunft erkennen, dass die alte Vorstellung der Optimierung Ihres Verstandes im Weg stand. Sie werden sich zu einer perfekten mentalen Maschine umprogrammieren und die kulturellen Stöcke aus dem Getriebe Ihres Verstandes entfernen. Es sind mächtige Werkzeuge, die wir in unseren geistigen Händen halten. Wir werden uns damit befreien, wenn wir es wollen; ... »wir«, im Sinne der Klassifizierung des dichotomen Kontrastes zwischen Ihnen und mir; »wir«, im Sinne des ein-und-desselben. Und dann werden wir die Frage klären, ob die Stöcke im Getriebe ein Schutzmechanismus waren oder ein kultureller Störfaktor.

Wir suchen nicht direkt nach Glückseligkeit und finden sie vielleicht, indem wir etwas Nützliches für uns und andere erschaffen. Jetzt schalten wir aber wieder ein paar Stufen zurück, bevor wir noch im Nebel wild losrennen und vergessen, welche Gefahren dort warten.

Zur Abwechslung wollen wir eine bescheidene körperliche Erfahrung machen. Wir streichen mit unserer rechten Fingerkuppe über den linken Zeigefinger. Mehrmals von der Spitze zum Handrücken und zuruck. Wir wollen herausfinden, ob es einen emotionalen Unterschied macht, über die Außen- oder Innenseite des Fingers zu streichen. Welche Berührung ist angenehmer? Wir streicheln so lange abwechseln über beide Seiten, bis wir uns entschieden haben.

Wir merken uns, welche Seite wir als angenehmer empfinden.

Wahrscheinlich haben wir bei diesem Versuch allmählich gemerkt, dass das Streichen über die Innenseite ein etwas angenehmeres Gefühl erzeugt und das Streichen über die Außenseite etwas unangenehmer ist. Vielleicht sind wir aber auch gerade gefühlstaub und können das nicht nachvollziehen. Dann eine kleine Hilfestellung: Welche Seite fühlt sich intensiver oder gleichmäßiger an? Ist intensiver oder gleichmäßiger für uns gut oder schlecht? Wir verstehen das Prinzip von Gefühlen nun - oder etwa nicht?

In dem Moment, in dem wir entscheiden wollen, welche Seite wir angenehmer empfinden, ist uns das gleichzeitig nur mit einer Gefühlsregung möglich. Warum sollte es einen objektiven Grund geben, warum das eine besser als das andere ist? Wenn wir diese Gefühlsregung erzeugt haben, suchen wir gewohnheitsmäßig nach einem Grund. Z.B. können wir argumentieren, dass die gesuchte Antwort wahrscheinlich die Innenseite ist, da dort mehr Nervenzellen vorhanden sind und diese Streichelerfahrung nicht durch Fingerknöchel und Fingernagel unterbrochen wird.

Wir überlegen uns vielleicht die Möglichkeit, dass es ein Test ist und die Prozedur und nicht das Ergebnis wichtig ist. Zumindest sind wir an dieser Stelle des Buches darauf konditioniert, dass wir hinters Licht geführt werden könnten und es erneut auf einen Zweikampf hinausläuft. Also versuchen wir durch eine empathische Prognose, einen Vorteil zu gewinnen. War es eine Fangfrage? Haben wir ein Gespür entwickelt, das uns im Vorfeld warnt, dass die richtige Antwort auf diese Frage lautet, dass es keinen Unterschied geben kann und folglich alles darauf hinausläuft, dass es Einbildung ist, falls wir etwas dergleichen denken.

Würden wir mit diesen neuen Informationen unsere Entscheidung überdenken oder vertrauen wir unserem vorherigen Gefühl und bleiben bei unserer ersten Entscheidung? Wir streichen ein letztes Mal über beiden Seiten des Fingers und entscheiden erneut.

Betrachten wir nun die Entwicklung der beiden Entscheidungen. Bei den Testlesern hat sich ergeben, dass rund 70% sich für die Innenseite entschieden haben. 10% haben sich für die Außenseite entschieden und 20% haben sich der Entscheidung entzogen und nichts festgestellt bzw. trafen in Erwartung an eine Fangfrage die Entscheidung, dass beide gleich sind. Nach der ersten Frage bestand die Wahrscheinlichkeit folglich 80%, sich überhaupt zu entscheiden. Nach der zweiten Frage sank die Wahrscheinlichkeit, sich zu entscheiden, auf 50%. Mehr bzw. widersprüchliche Hintergrundinformationen führen offensichtlich zu einer Entscheidungshemmung. Ebenso könnte vermehrtes analytisches Nachdenken zu einer Entscheidungshemmung führen.

Das Beispiel funktioniert, weil es in diesem Fall nicht wichtig ist, eine Entscheidung zu treffen. Diese Entscheidung hat keinen Nutzen für uns. Wir können aber genau deshalb das Prinzip der Entscheidungsfindung selbstreflektiert beobachten und sehen, wie uns verwirrende Informationen bei einer Entscheidung behindern und wie stark das Bedürfnis ist, eine Klärung herbeizuführen.

Wir wollen nun lernen, die Emotionen, die zu einer Entscheidungsfindung führen, besser zu verstehen und sie im Idealfall optimieren zu können.

Wir wollen diese Fähigkeit anhand von marginalen Entscheidungen erlernen, die uns im Alltag begegnen. Wir wollen versuchen, diese abwechselnd mit einer positiven und mit einer negativen Emotion zu betrachten, wie wir es bei dem Streichelexperiment gemacht haben. Nehmen wir das Essen in einer Kantine, einem Restaurant oder beim Einkauf im Supermarkt, falls wir gerne selbst kochen. Wir treffen eine Vorauswahl von zwei Gerichten und versuchen uns vorzustellen, dass z.B. ein Auflauf die bessere Wahl ist und wir uns für dieses Gericht entscheiden sollten. Dann kehren wir die Situation um und überlegen uns Gründe, warum ausgerechnet ein anderes Gericht die bessere Wahl ist. In beiden Fällen sollte ein positives Gefühl für das eine Gericht ein negatives Gefühl für das andere Gericht bedeuten. Wir versuchen abwechselnd, hin und her zu fühlen. Klingt einfach, ist es aber nicht. Unser Verstand hat keinen Vorteil, sich selbst willkürlich zu manipulieren. Doch unser Verstand sollte die Fähigkeiten besitzen, Emotionen zu verstärken und abzuschwächen, während wir uns im Klaren sind, dass wir diese Emotionen zur Entscheidungsfindung brauchen. Durch diesen Versuch streben wir gezielt diese Erfahrung der Selbstmanipulation an, die uns den Zusammenhang von Emotion und Entscheidungsfindung stets vor Augen führt.

Halten wir einen Augenblick inne und reflektieren, was wir gerade machen. Da sind wir nun, mitten auf unserer gemeinsamen Reise und streicheln uns die eigenen Finger und denken über unsere Gefühle zu unserem täglichen Essen nach.

Das klingt in diesem Kontext reichlich merkwürdig oder? Es bestätigt unsere innere Vermutung, dass der einzige

Zweck dieser Reise darin besteht, uns zur Unterhaltung hinters Licht zu führen. Glauben wir das also ruhig. Die Warnung aus dem letzten Teil, nicht weiter zu lesen, war bestimmt auch nur ein Scherz, der sich am Ende hoffentlich fulminant und lustig auflöst.

Ein Held sollte mutig aber nicht töricht sein! Sind wir Helden? Ist das überhaupt alles die versprochene Reise in unseren eigenen Verstand? Schauen wir, wie Wikipedia eine Reise definiert:

»Der Begriff Reise bedeutet im Sinne der Verkehrswirtschaft die Fortbewegung von Personen über eine längere Zeit zu Fuß oder mit Verkehrsmitteln außerhalb des Wirtschaftsverkehrs, um ein einzelnes Ziel zu erreichen oder mehrere Orte kennenzulernen (Rundreise). Im fremdenverkehrswirtschaftlichen Sinne umfasst eine Reise sowohl die Ortsveränderung selbst als auch den Aufenthalt am Zielort. Die verwendeten Verkehrsmittel bilden hierbei eine sogenannte Reisekette (wie beispielsweise Bus – Flugzeug – Straßenbahn – Taxi). Wissenschaftlich werden Reisen unter anderem nach deren Grund, Zweck und Dauer kategorisiert, sowie die Motivationen für das (Ver-) Reisen untersucht. Reisen sind auch Thema in der Literatur und im Film.«

Passt nicht so richtig. Wie wäre es hiermit?

»Als Abenteuer (lat.: adventura: „Ereignis", mittelhochdt.: aventiure) wird eine risikoreiche Unternehmung oder auch ein Erlebnis bezeichnet, das sich stark vom Alltag unterscheidet. Es geht um das Verlassen des gewohnten Umfeldes und des sozialen Netzwerkes, um etwas Wagnishaltiges zu unternehmen, das interessant, faszinierend oder auch

*gefährlich zu sein verspricht und bei dem der Ausgang un-
gewiss ist. In diesem Sinne gelten und galten Expeditionen
ins Unbekannte zu allen Zeiten als Abenteuer«*

Denken wir also darüber nach, ob wir positiv oder negativ
auf das bisher Gelesene reagieren, warum das so ist und ob
wir dieses Gefühl umdrehen können. Haben wir uns beim
Lesen mit uns selbst angefreundet oder uns selbst entfrem-
det? Finden wir die neuen Gedanken in unserem Verstand
sympathisch oder abstoßend? Wollen wir eine mentale
Maschine sein? Haben wir Spaß daran, uns hinters Licht
führen zu lassen?

Dann sollten wir entscheiden, ob das Versprechen auf die
Reise in den eigenen Verstand eingelöst wurde oder nicht.
Wir fragen uns, ob uns dieser Text emotional berührt.

Unsere Emotionen müssen mit unseren Entscheidungen
fusionieren, damit wir Entscheidungen treffen können, wie
auch wir, also Sie und ich, bereits fusioniert sind. Falls Sie
befürchten, dass die *wir*-Ansprache bis zum Ende bleiben
könnte, erhalten Sie einen Punkt, sonst ich. Sie müssen sich
Ihre Gefühle eingestehen, um diesen Zweikampf für sich zu
entscheiden.

:

Es ist immer gut, die Dinge aus ihrem chronologen Kontext
zu betrachten. Zunächst waren es »*Sie*« als Leser und »ich«
als Erzähler und dann sind wir beide einfach fusioniert.
Zunächst waren Sie der »Abenteurer« und ich Ihr »Begleiter«. Wir wissen nun, dass es keinen Sinn macht, darüber

weiter nachzudenken, da wir keinen dichotomen Kontrastpartner für »wir« haben. Wir können darüber nachdenken, was das »fusionierte wir« eigentlich bedeuten könnte und wie es sein kann, das wir es verstehen, obwohl wir es nicht erklären können, uns viel Erfolg dabei! Wir bewahren uns lieber vor dem größten Denkfehler von allen. Wenn das »fusionierte wir« die übergeordnete Klasse von »Sie, der Leser« und »ich, der Erzähler« ist, dann führt ein Kontrast von Klasse zu seinem eigenen direkten Objekt nur zu Kopfschmerzen. Wir als Schöpfer lassen uns auf keinen Fall auf selbstbezüglichen Gedanken ein. Wir als Schöpfer suchen nicht nach Wahrheiten, denn Wahrheiten, auf die der Verstand keinen Einfluss nehmen kann, sind im schöpferischen Sinne nicht erstrebenswert. Wir als Schöpfer streben alleine nach nützlichen Modellen. Wie nützlich sind nun die Modelle, die ich Ihnen vorgestellt habe? Ich werde es Ihnen an einigen Beispielen demonstrieren.

Die Bemächtigung des Traums

Warum träumen wir? Was sind Träume? Wie können wir Träume beeinflussen?

Erinnern Sie sich an die Chronologs und die Creatoren, die auf dem Raster durch das Connector-Organ in Resonanz gebracht werden? Träume können nur ein Resultat aus diesem Prinzip sein. Alle verschiedenen Geisteszustände, inklusive des Traums, müssen unterschiedliche Facetten ein-und-desselben Verstandes sein. Ich habe keinen Nutzen von einem Modell, dass Träume einfach da sind und nicht beeinflusst werden können. Ich will nicht herausfinden, warum es Träume gibt, ich will sie beeinflussen.

Ich starte mit einer Spekulation: Der Teil unseres Refokussierens, der unsere Gedanken streifen lässt, um verschiedene Bereiche auf dem Raster zu verbinden, ist der gleiche Mechanismus, der die Traumwelten generiert.

Ich teste ein Beispiel und vergleiche die Situation im Wachzustand und im Traum, also aus zwei verschiedenen Perspektiven und suche nach den Gemeinsamkeiten und Unterschieden.

Sie wollen eine Tür öffnen, doch Sie sehen, dass die Türklinke fehlt. Sie könnten nach der nicht vorhandenen Klinke greifen, wie es ein dummer Roboter tun würde. Sie könnten stehen bleiben und nichts machen. Vielleicht klärt es sich von alleine. Doch beides sind keine besonders aussichtsreichen Optionen. Ihr Verstand beginnt ein Problemlöseverfahren. Sie suchen in Ihrem Erfahrungs-schatz. Warum ist da keine Klinke, wo sonst eine ist? Ist Sie abgefallen und liegt sie am Boden? Nein. Sie sehen sich um, ob noch jemand anwesend ist, den Sie fragen können. Es ist aber niemand außer Ihnen da. Was können Sie machen, um hineinzukommen? Sie erinnern sich an einen Trick mit einer Kreditkarte. Haben Sie eine Kreditkarte dabei? Was er-scheint Ihnen am erfolgversprechendsten, um durch diese Tür zu gelangen? Dann folgt eine Entscheidung, die Sie zum Handeln bewegt. Und siehe da, Sie bleiben stehen und machen nichts, außer sich weiter umzuschauen und nicht zu wissen, was Sie eigentlich genau tun sollen. Sowohl im echten Leben als auch im Traum.

Es gibt kein eindeutiges Gefühl, das Sie entscheiden lässt. Sie gehen zurück zur Warum-Frage und beginnen erneut. Wenn Sie nur wüssten, warum die Türklinke fehlt, wüssten

Sie, was am besten zu tun wäre. Sie suchen nach einem Modell.

Würfelt unser Connector-Organ im Traum willkürlich Szenarien zusammen, damit unser Gehirn für das tägliche Problemlösen trainiert und konditioniert wird, Entscheidungen zu treffen?

Das ist sicherlich zu naiv gedacht. Der Traum darf nur eine Facette und nicht ein eigenständiges Phänomen sein, damit es sich monokratisch vereinen lässt.

Sie haben das Konzept der abstrakten und logischen Analyse durch Ihre kulturelle Prägung verinnerlicht. Es wird als etwas Kostbares und Erstrebenswertes angesehen. Sie trennen zu gerne die Welt von Gedanken und Gefühlen, denn bisher entpuppten sie sich als die beiden Facetten Ihres übergeordneten Modells, namens Verstand 1.0, in dem es rationale Vernunft und emotionale Bedürfnisse gibt, Bewusstsein und Un- bzw. Unterbewusstsein, rechte und linke Gehirnhälfte usw.

Sie haben ein Modell, das Ihnen sagt, dass es einen Grund für das Fehlen der Türklinke geben muss. Wenn Sie diesen Grund kennen, finden Sie eine Lösung für Ihr Problem.

Worin besteht nun der Unterschied von Traum und Realität in einer solchen Situation? Sie sagen, in der Realität muss es einen Grund geben, im Traum kann es einfach so sein. Doch im Traum handeln Sie wie in Realität und fragen nach einem Grund. Haben Sie vielleicht die Vorstellung, dass Träume so etwas wie fiktive Filme sind? Denken Sie, dass nur Ihr Unbewusstsein im Traum agiert, das sich bekanntlich schwer mit Logik tut und nur von emotionalen Bedürfnissen leiten lässt?

Sie denken in Version 1.0 Ihres Verstandes. Denken Sie in Version 2.0 Ihres Verstandes.

Logik und Vernunft sagen Ihnen, dass Ihr Verstand Entscheidungen rational treffen will, da das am erfolgversprechendsten ist. Selbst wenn Sie eine Entscheidung nicht rational treffen, wird diese Entscheidung anschließend rationalisiert. Ihre Gefühle sind eben manchmal irrational und übermannen die Vernunft, stimmt's? Sie erklären sich rational, dass Gefühle irrational sein können. Was für eine Selbstbezüglichkeit. Wenn die Szenerie Ihres Traums komplett irrational ist, suchen Sie immer noch nach einer rationalen Erklärung dafür.

Erinnern Sie sich, dass ich Ihnen erzählt habe, dass Gedanken, die sich als nützlich erweisen, langsam zu Überzeugungen werden und sich als Glauben manifestieren. Doch die Lehre des vernünftigen und analytischen Denkens zerschellt im Traum in seine Einzelteile. Woran liegt das, wenn Ihr Verstand ansonsten vernünftig handelt?

Ihr Verstand denkt nur rational durch das Modell der Rationalität selbst, was hauptsächlich aus dem Modell von Ursache und Wirkung, der Kausalität, besteht. Jede wahrnehmbare Wirkung muss eine Ursache haben, auch wenn ich sie mit den Beschränkungen des Verstandes und mangelnder Information nicht kenne. Das ist auch gut so, denn dieses Modell erweist sich als überaus nützlich. Aber es modelliert wie jedes andere Modell automatisch Gedanken aus dem Input, mit dem es versorgt wird.

Wenn Ihr Connector-Organ verschiedene Creatoren und Chronologs verknüpft, kommt es nicht daran vorbei, auch den überpräsenten Kausalitäts-Creator einzubinden.

Warum ist nun die Klinke nicht mehr da? Die Frage kann ohne Kausalitätsmodell gar nicht erst gestellt werden. Fragen Sie sich stattdessen, was passiert, wenn Ihr Connector-Organ dieses Kausalitäts-Modell kurzzeitig nicht verbindet. Schwer zu sagen, aber was passiert wohl, wenn es danach wieder verbindet? Es modelliert sofort eine Kausalität.

Modell Ihrer selbst + Modell einer Tür → Kausalität: Sie stehen vor einer Tür.

Besser gesagt, Sie fühlen, dass Sie vor einer Tür stehen, sowohl im Traum als auch in der Realität. Es steht nun eine Entscheidung an, denn jedes Gefühl treibt Sie zu einer Entscheidung.

Zur Erinnerung: Entscheidungen sind das Resultat eines emotionalen Kontrastes und das Ziel jeglicher Aktivitäten in Ihrem Verstand. Ein emotionaler Kontrast besteht bei Resonanz zwischen dem inneren Modell Ihres Individuums und einem Objekt Ihrer Sinneswahrnehmung, während ein analytischer Kontrast zwischen zwei Objekten Ihrer Sinneswahrnehmung besteht.

Wo liegt nun der Unterschied in der Facette zwischen der Situation im Traum und der Realität? In der Realität versorgen Sie Ihre Sinne kontinuierlich mit der Vorstellung bzw. dem Gefühl, dass Sie vor einer Tür stehen, im Traum nicht. Sobald das Connector-Organ nicht mehr verbunden ist, verblasst dieses Gefühl. Sobald es wieder verbindet, beginnt es von neuem. Sie greifen nach der Klinke - Verbindung kappt - Ihr Connector-Organ verbindet stattdessen kurzzeitig eine Erfahrung des Danebengreifens und die Verbindung zum Kausalitäts-Modell steht wieder:

Modell einer Tür + Modell des Danebengreifens → Kausalität: Sie öffnen die Tür nicht.

Die Verbindung kappt erneut. Ihr Connector-Organ verbindet die Erfahrung des sich ausgeschlossen Fühlens und verbindet erneut das Kausalitätsmodell:

Modell »Tür lässt sich mit Klinke öffnen« + Modell »ausgeschlossen Sein« → Kausalität: Tür hat keine Klinke.

So, oder so ähnlich.

Wenn Sie wach sind, denken Sie: Ich sehe, dass da keine Klinke ist, ich werde nicht hineinkommen. Wenn Sie aus einem Traum erwachen, sagen Sie, ich fühlte, dass ich nicht durch die Tür kam. Als ich mich fragte, warum das so ist, fehlte die Klinke. Sie fühlten erst, dass Sie nicht hineinkommen und dann folgte die Kausalität, warum Sie nicht hineinkommen. Diese Reihenfolge widerspricht natürlich jeder Kausalität.

Ohne kontinuierliche Sinneswahrnehmungen kann Ihr Verstand keine kontinuierlichen Kausalitäten modellieren.

Ihr Verstand konstruiert folglich keine Traumwelten, in denen Ihr Unbewusstsein umherwandelt. Ihr Verstand modelliert nachträglich Kausalitäten in Abfolgen von verknüpften Modellen.

Diese Erkenntnis scheint zunächst nicht zielführend, da Sie ja bewusst in Traumwelten umherwandeln wollen. Wie ist dies nun möglich?

Sie werden lernen müssen, Ihren Verstand von der Kausalität zu befreien. Es gibt, strikt dichotom gedacht, zwei solcher Zustände, zwischen denen alle anderen Facetten des Verstandes liegen. Ich werde Ihnen erzählen, wie Sie diese Grenzzustände erreichen können.

In einem Zustand modulieren Ihre Gedanken wild, um zwischen allen Bereichen Ihres Rasters resonante Verbindungen herzustellen. In der anderen Phase fahren Sie den Betrieb auf Ihrem Raster weitestgehend herunter. In beiden Zuständen modelliert Ihr Verstand keine Kausalitäten aus einem kontinuierlichen Sinnes-Input.

Betrachten Sie Ihren Verstand als ein Segelboot, das ein Gewässer durchqueren will. Stellen Sie sich die beiden Grenzzustände als tobende und stille See vor. Bei einer Flaute hat das Segelboot freie Fahrt, aber keinen Antrieb. Bei Sturm ist es nur ein Spielball der Wellen und kommt irgendwo an, aber nicht am gewünschten Ziel.

Das sind natürlich keine Zustände, unter denen Sie Ihren Alltag meistern können.

Die ruhige See

Die Atmung ist der Zugang zur ruhigen See. Dabei ist die Grundidee, dass Sie im Schlaf auf eine bestimmte Art und Weise atmen, wie Sie es im wachen Zustand nicht tun. Kontrollieren Sie nun mit Ihrem Verstand Ihre Atmung. Sie wollen im wachen Zustand genau diese Schlafatmung imitieren. Das bedeutet schlicht und einfach, dass Sie in diesem Moment schlafen werden.

Sie sollten dazu ungefähr wissen, wie Sie im Schlaf atmen oder es bei anderen beobachten. Die Schlafatmung ist eine kräftige und ungezügelte, aber gleichsam fließende Bewegung. Ausgehend von der Position Ihres Körpers werden die Anteile zwischen Zwerchfell- und Brustkorb-Atmung optimal aufgeteilt. Beginnen Sie mit einer kräftigen und ungezügelten Atmung durch Ihr Zwerchfell. Stellen Sie sich vor, dass Sie Ihre Atmung wie einen Blasebalg kontrollieren. Sie konzentrieren sich zunächst auf die Umkehrpunkte zwischen Ein- und Ausatmung. Sie müssen gleichmäßig durchatmet werden. Geben Sie kontinuierlich einen Anteil Ihrer Brustkorbatmung dazu, bis sich die Atmung angenehmer anfühlt. Versuchen Sie den Widerspruch des Stillstandes im Umkehrpunkt mit der Gleichmäßigkeit zu vereinen, indem Sie beide Atmungstechniken zeitlich leicht versetzen. Finden Sie nun die richtige Ein- und Ausatemzeit für eine ungezügelte Atmung. Versuchen Sie das Intervall zu erhöhen und abzusenken, bis Sie ein Optimum gefunden haben. Denken Sie an die Gleichmäßigkeit, die gleichzeitig ungezügelt ist. Denken Sie nur an Ihre Atmung. Da Sie nicht alle Aspekte gleichzeitig berücksichtigen können, denken Sie abwech-selnd an alle Elemente.

Wenn Sie das einen Augenblick schaffen, wird Ihnen schummerig, und das hoffentlich nicht, weil Sie es falsch machen und hyperventilieren. Sie werden bei dem ersten Anzeichen dieses angenehmen, duseligen Gefühls erschrecken und sofort wieder wach sein. Versuchen Sie es erneut und Sie werden irgendwann sehen, dass Sie sofort in einen tiefen Schlaf bzw. Trance fallen. Sie können sich später nicht erinnern, was nach diesem schummerigen Gefühl kam, denn da ist auch nichts, bis auf die ruhige See.

Der Trick ist zum einen, dass Sie sich abwechselnd auf diese einzelnen Anforderungen konzentrieren und dann Ihre volle Konzentration schlagartig lösen. In dem entscheidenden Moment müssen Sie dann vollkommen loslassen, ohne sich zu erschrecken. Ihre Gedanken sind im Einklang mit einem Modell, das auch ohne kontinuierliche Sinneswahrnehmung funktioniert, der Atmung.

Die tobende See

Im zweiten Grenzzustand baut Ihr Verstand so schnell wie möglich resonante Verbindungen auf. Es müssen allerdings komplett verschiedene in schneller Folge und keineswegs die gleichen Verbindungen auf unterschiedlichem Wege sein. Der Trick hierbei besteht in der Abschaltung Ihres Arbeitsgedächtnisses und damit der Kontrolle der Kausalitätsabfolge. Durch die Refokussierung auf Erinnerungen wird der kontinuierliche Sinneseinfluss mit diesen überlagert und verliert die Hoheit. Sie brauchen jedoch einen chaotischen Zustand, indem Sie im Sekundentakt an etwas anderes denken. Das geht natürlich nicht durch Konzentration, sondern nur durch maximale Zerstreutheit. Ihr Arbeitsgedächtnis ist gerade so aktiv, dass es ein Element der Erinnerung nimmt, alles andere verwirft und mit einem anderen zusammenpuzzelt. Sollten Sie sich an nur eine der zurückliegenden Szenen erinnern, machen Sie es noch falsch, andererseits können Sie sich nicht erinnern und Sie sind bereits auf stürmischer See.

Die Schwierigkeit dieser Art von Geisteszustand liegt in der Überwindung täglicher Probleme, die von Ihrer resonanten Verbindung bevorzugt werden. Diese analytischen Gedanken müssen Sie sofort erkennen und von neuem beginnen.

Denken Sie an irgendetwas aus dem gestrigen Fernsehprogramm oder einem Buch oder einer Zeitschrift. Die Gedanken müssen belanglos und kontextlos sein. Schauen Sie also am besten das Programm eines privaten Fernsehsender zu einem x-beliebigen Zeitpunkt. Versuchen Sie sich an viele Einzelheiten des Programms zu erinnern, ohne über sie nachzudenken und sie in eine zeitlich korrekte Reihenfolge bringen zu wollen. Geben Sie Ihren Modellen keine Chance, sich kausal und sinnstiftend zu verknüpfen. Erinnern Sie sich an möglichst viel auf einmal. Sie wollen erreichen, dass zahllose Erinnerungen in schneller Abfolge entstehen. Sie werden kein einziges Bild interpretieren, Sie lassen sie entstehen und sofort durch ein anderes Bild ersetzen, wie in einer Hochfrequenz-Diashow. Verknüpfen Sie nun die Bilder aus verschiedenen Sendungen.

Wie würde z.B. Batman aussehen, wenn er in einem grünen und haarigen Kostüm dazugekommen wäre. Es geht nicht darum, warum sein Kostüm grün und haarig sein könnte und es geht auch nicht darum, aus welchem Grund Batman da sein könnte. Es geht darum, Erinnerungen kollidieren zu lassen.

Hat Ihr Verstand Sie übrigens gerade gezwungen, sich einen haarigen, grünen Batman bildlich vorzustellen? Komisch oder? Das kann ich beliebig lange machen, ohne dass Sie sich wehren können. Gelbes Schaf, das aus einem gelben Bus springt.

Lesen Sie das Folgende. Wenn Sie es ohne eine bildliche Vorstellung schaffen, bekommen Sie einen Punkt, sonst ich: *Brennendes Legomännchen, das von einem Kleinkind in ein Marmeladenglas gesteckt wird.*

Ich bleibe bei dem grünen, haarigen Batman. Bevor Sie sich versehen, steht Ihr Bekannter, scheinbar ein Freund von Batman, auf einer grünen Wiese und betrachtet einen Baum, während Ihnen einfällt, dass man aus dem Gras, auf dem er steht, Spaghetti für Elefanten machen könnte. Dazu bräuchte man nur ein übergroßes Rad, das umgekehrt den Berg hoch rollt usw. Umso verrückter, desto besser. Es ist ein surrealer Zustand, den Sie kaum bewusst erfassen können, da es jede Kausalität sprengt.

Die Traum-See

Zwischen der stillen und stürmischen See gibt es alle möglichen Zustände des Verstandes. Was ist nun das Besondere an einem Traum?

In allen Fällen werden Sie aufwachen, wenn Sie Ihr Kausalitäts-Modell kontinuierlich benutzen, da Ihr Verstand dann Ihre Sinne mit Modellen verknüpft und Sie somit wach sind.

Um in einem Traum agieren zu können, muss Ihr Verstand auch im Traum zwischen dem analytischen Kontrast zwischen zwei Dingen und dem emotionalen Kontrast zwischen Ihnen und einem Ding wechseln. Denn falls Sie sich erinnern, gibt Ihnen erst das Umschalten das gesuchte Gefühl des sich selbst Seins.

Um den Traum zu beeinflussen, benötigen Sie zwei Modelle. Als Erstes müssen Sie sich die Frage stellen, wie es sich anfühlt, in einer Traumwelt zu wandeln. Sie brauchen ganz konkrete Vorstellungen. Fühlt es sich an, wie in einem Videospiel zu sein, indem Sie Ihren Körper über ein Gamepad steuern, oder fühlt es sich wie auf einer

Theaterbühne vor Publikum an? Überlegen Sie sich einfach bis ins kleinste Detail, wie Sie es gerne hätten, dass es sich anfühlt. Vergleichen Sie diese Vorstellung jedes Mal mit Ihren Erinnerungen an einen Traum, sobald Sie aufwachen und sich ärgern, dass Sie ihn nicht zu Ihren Wünschen beeinflussen konnten. Irgendwann passt Ihre Vorstellung zu dem, wie sich ein Traum anfühlen sollte und dem Echo des Erlebten zusammen. Beide Aspekte werden so verschmelzen, dass sie zu einem Modell zusammenwachsen, das so tief verwurzelt ist, dass sie es als einheitliches Gefühl wahrnehmen. Nun haben Sie ein Modell, wie es sich anfühlt, in einem Traum zu sein. Es ist ein Gefühl wie Wut, Zuneigung, Hunger, Kälte, nur eben anders.

Außerdem müssen Sie sich die Frage stellen, was Sie als Erstes machen wollen, wenn Sie merken, dass Sie träumen?

Wenn ich in einem Traum in einem Flur stehe, und überlege, ob ich weiter oder zurück gehe, drehe ich mich um, um zu sehen, wohin ich eigentlich zurück will. Normalerweise ist mein Arbeitsgedächtnis im Traum so beschränkt, dass es einfach eine neue Option generiert, ich also gar nicht zurückgehen kann, weil es das in meiner Erinnerung inzwischen nicht mehr gibt.

In meinem Verstand klingt jedoch ein Gefühl nach, das mir sagt, dass ich gerade eben durch eine Tür getreten bin, auch wenn ich mich nicht mehr an ihre Form, Größe und Farbe erinnern kann und auch nicht mehr weiß, was dahinter war. Dann passiert normalerweise Folgendes: Irgendjemand oder irgendetwas lenkt mich ab. Ich verliere mein Interesse an der Tür. Ohne kontinuierliche Kausalität bin ich ein leichtgläubiger Spielball der See und der Traum würde einfach weitergehen.

Ich fühle, dass ich wirklich aus dieser Tür kam und dann merke ich, dass ich mich nun ebenfalls nicht mehr daran erinnern kann, wozu ich sie durchtreten habe. Da ist nun dieses diffuse Gefühl, das ich auch habe, wenn ich aus einem Traum erwache. Ich versuche mich an dieses Gefühl zu erinnern und siehe da, es ist dieses unverwechselbare Gefühl, in einem Traum zu sein.

Mit etwas Glück bindet mein Connector-Organ in einem solchen Moment das Kausalität-Modell mit ein. Damit fühle ich dann, dass ich träume.

Modell: »Fühlt sich an wie Traum« + Modell: »keine Kausalität« → Kausalität: Ich bin in einem Traum.

Mit etwas Glück verbindet Ihr Connector-Organ nun auch das zweite Modell, denn Sie müssen diesen Umstand ohne Zögern nutzen, oder der Moment vergeht und das Connector-Organ sucht sich andere Modelle. Sie müssen sich also vollkommen im Klaren sein, was Sie sofort tun werden, wenn Sie merken, dass Sie einen beeinflussbaren Traum haben.

Sich selbst zu zwicken, funktioniert nicht, weil Sie wissen, wie sich das anfühlt. Sie sollten irgendetwas Verrücktes machen, was unmöglich ist oder wovon Sie eine unrealistische Vorstellung haben. Sie dürfen nur eine vage Vorstellung haben, was real passieren würde.
Es ist leider hinderlich, eine Dummheit auszuprobieren, für dessen Konsequenzen Sie im Alltag geradestehen müssen. Ihr Connector-Organ verbindet das Modell »Vermeidung von Dummheiten« und vorbei ist die Chance.

Modell »Ich träume« + Modell »ich mache gleich etwas Dummes« → ...

... hierfür haben Sie keine kausale Erfahrung. Sie fühlen plötzlich nur noch, dass Sie etwas Dummes machen wollen, und verwerfen die Idee.

In diesem klaren Moment helfen nur Mut und Dreistigkeit und vor allem Handeln und nicht Nachdenken. Ich trete also die Wand ein, wo eben noch eine Tür war. Da ich erwarte, dass ich träume, werde ich zunächst fühlen, dass die Wand eingetreten ist. Habe ich angenommen, es wie Superman zu können, stelle ich fest, dass die Wand staubig zerplatzt ist. Fühle ich mich unsportlich, stelle ich fest, dass mein Bein ungelenk in der Wand stecken bleibt, die wie Pappe einreißt und sich demzufolge auch als Pappe herausstellt. Es wird genau so passieren, wie ich es mir vorstelle, dass es sich anfühlt. Erst wenn ich aufwache, bekommt alles seine kausale Reihenfolge: Ich wollte die Wand eintreten, hob mein Bein und trat zu. Doch im Traum fühlte ich natürlich, dass ich die Wand eintrete, und wusste danach und davor, wie es dazu kam. Es ist eine diffuse Kausalität, dieses typische Gefühl des Träumens.

Doch sobald Sie die Wand eingetreten haben, kommen Sie aus dem Staunen nicht mehr heraus. Es ist mindestens so real wie das Erleben des Alltags.

Sie wollen dann gerade loslegen und die verrücktesten Dinge machen. Doch Sie wollen das auch mit Ihren Sinnen erleben. Damit übernimmt die Kausalität und die kontinuierliche Sinnesverarbeitung wieder die Oberhand. Sie wachen auf.

Vor Begeisterung kann auch das Gefühl der Freude das Gefühl des Träumens überlagern und Sie träumen normal weiter.

Wenn ich z.B. fliege, spüre ich unrealistischerweise keine Beschleunigung meines eigenen Körpers. Es ist auch egal, wie schnell ich fliege. Der Gegenwind ist nur so stark, wie ich jemals beim Fahrradfahren oder dergleichen gespürt habe. Da ich kein Kampfpilot oder Motorradfahrer bin, fehlt mir das natürliche Gefühl für selbst kontrollierte, hohe Geschwindigkeit. Die Physik eines Traumes ist nur die Physik meiner Erfahrungen und keine echte Welt. Ein beeinflusster Traum bringt also nichts hervor, was man sich nicht vorstellen könnte, nur dass man währenddessen echte Emotionen spürt. Solange ich mich auf die Gefühle konzentriere, kann ich lange in einem solchen Traum frei handeln und umherfliegen. Ich muss mich nur diesem Moment ergeben. Wenn ich um den Eiffelturm fliegen möchte, stelle ich mir vor, wie schön das wäre und ehe ich mich versehe, taucht der Eiffelturm vor mir auf und ich fliege an ihm hinauf und winke den erstaunten Touristen zu. Wenn ich jedoch sehen will, dass der Eiffelturm durch meine Gedankenkraft vor mir mitten aus der Elbe im Hamburger Hafen erscheint, geht das zwar auch, doch durch diese erzwungene Abfolge wache ich zwangsläufig auf, denn ob das auch genau so passiert überprüft das Modell der Kausalität. Das ist ärgerlich, denn die Macht, alles nach Belieben verändern zu können, ist wirklich verblüffend und spektakulär. Es ist aber umso ärgerlicher, wenn man darin nicht verweilen kann.

Sie wären wahrscheinlich enttäuscht, wenn ich nicht Sex in einem Klartraum ansprechend würde. Sex in einem Klartraum war für mich zunächst das Begehrenswerteste, was es zu erreichen galt und stellte sich als das Seelenlosestes heraus, was ich je erreichen konnte. Ja, es fühlt sich zwar körperlich wie echter Sex an, aber ich habe kein Modell, das mir eine menschliche Reaktion generiert, wie es ist, wenn sich jemand willig fügt, nur weil ich es will. Und ich bin ehrlich gesagt auch froh, dass ich kein solches Modell habe.

Bis jetzt habe ich Ihnen eine Theorie nahegelegt, wie unser Verstand schöpferisch tätig werden kann, und es auf Träume angewandt. Ich habe eine Warum-Frage gestellt und schließlich das scheinbar einflussreichste Modell von allen, das Modell der Kausalität in unserem Verstand separiert. Doch was bedeutet Kausalität überhaupt?

Hermann von Helmholtz, ein Universalgelehrter der Physik und Psychologie schrieb 1878 in einer Rede:

»Jeder Induktionsschluß stützt sich auf das Vertrauen, daß ein bisher beobachtetes gesetzliches Verhalten sich in allen noch nicht zur Beobachtung gekommenen Fällen bewähren werde. Es ist dies ein Vertrauen auf die Gesetzmäßigkeit allen Geschehens. Die Gesetzmäßigkeit aber ist die Bedingung der Begreifbarkeit. Vertrauen in die Gesetzmäßigkeit ist also zugleich Vertrauen auf die Begreifbarkeit der Naturerscheinungen. Setzen wir aber voraus, daß das Begreifen zu vollenden sein wird, daß wir ein letztes Unveränderliches als Ursache der beobachteten Veränderungen werden hinstellen können, so nennen wir das regulative Prinzip unseres Denkens, was uns dazu treibt,

das Kausalgesetz. Wir können sagen, es spricht das Vertrauen auf die vollkommene Begreifbarkeit der Welt aus. Das Begreifen, in dem Sinne, wie ich es beschrieben habe, ist die Methode, mittels deren unser Denken die Welt sich unterwirft, die Tatsachen ordnet, die Zukunft voraus bestimmt. Es ist sein Recht und seine Pflicht, die Anwendung dieser Methode auf alles Vorkommende auszudehnen, und wirklich hat es auf diesem Wege schon große Ergebnisse geerntet. Für die Anwendbarkeit des Kausalgesetzes haben wir aber keine weitere Bürgschaft, als seinen Erfolg.«

Ich entblume das einmal.

»Das letzte und unveränderliche Prinzip unseres Denkens nennen wir Kausalgesetz. Es gibt uns das Vertrauen auf die vollkommene Begreifbarkeit der Welt. Mit dieser Methode unterwirft unser Denken die Welt, ordnet Tatsachen und bestimmt die Zukunft. Es wird auf alles ausgedehnt und hat schon große Ergebnisse geerntet. Für die Anwendbarkeit des Kausalgesetzes haben wir aber keine weitere Bürgschaft, außer seinen Erfolg.«

Das Kausalitätsprinzip ist bis heute wohlgemerkt der Motor der gesamten Naturwissenschaft. Es ist das gezielte Suchen nach der Ursache einer Wirkung in einer Abfolge.

Das Kausalitätsprinzip wurde einige Jahre später zutiefst durch das Quantenprinzip erschüttert und Werner Heisenberg erklärte, dass durch die Einführung seiner Unbestimmtheitsrelation die Ungültigkeit des Kausal-gesetzes erwiesen sei. Albert Einstein wollte dies nicht glauben, seine Relativitätstheorie beruht auf diesem Prinzip.

Ohne das Quantenprinzip hätten wir jedoch keine Modelle der Materie und damit viele unserer heutigen Technologien, wie den Computerchip, den Laser und die Kernspintomographie, nicht. Das Quantenprinzip lässt sich jedoch nicht so anschaulich wie das Kausalitätsprinzip in einem Satz zusammenfassen. Es ist ein Modell in der Sprache der Mathematik. Unserem Verstand ist es nur mit dem entsprechenden Modell der Mathematik zugänglich.

Die beiden Prinzipien der Relativitätstheorie und der Quantentheorie stehen sich so diametral gegenüber, dass sich seit fast 100 Jahren die Wissenschaftler verwundert an den Kopf fassen. Sie flüchteten sich in die Nützlichkeit der Physik und nicht in die Abbildung der wirklichen Welt und setzten vermehrt auf die Symbolik der Mathematik. Man war sich bald einig, dass der Verstand die Welt nur kausal verstehen könne, sie sich aber durch die Mathematik absolut beschreiben lasse. Doch mit der Mathematik wurden bisher nur Spekulationen konkretisiert. Die Mathematik kann keine Spekulationen gebären. Spekulationen werden jedoch für den Fortschritt benötigt.

Man versuchte, sich die Welt in wüsten mathematischen Spekulationen wie der String-Theorie zu erklären und befand, dass es keine Anschauung brauche.

Doch warum verstehen wir überhaupt Mathematik, wenn die Symbol-Logik keine Kausalität bedingt? Es müssen weitere mächtige Modelle in unserem Verstand zugegen sein, die sich ebenfalls als überaus nützlich erwiesen haben.

Die Raumwelle

Ich will von dem Versuch erzählen, das Modell auf sich selbst anzuwenden, in der Hoffnung etwas Nützliches zu modellieren.

Ich versuche mich an dem Thema und sobald ich nicht weiterkomme, ist mir klar, dass ich etwas gänzlich anderes machen sollte, um mich zu inspirieren und aufzutanken. Da ich als Ingenieur aus der Produktentwicklung komme, habe ich bereits einen Erfahrungsschatz, der mir sagt, was erfolgreiches Vorgehen immer beinhaltet. Es sind viele einzelne Schritte, die man sich hart erarbeiten muss, und es ist niemals ein Geistesblitz, der die Lösung beinhaltet.

Um nicht vom Weg abzukommen, kann ich für das gesuchte Modell empirische Randbedingungen definieren, die mir ermöglichen vorherzusagen, ob es nützlich sein könnte oder nicht. Das behindert meine Gedanken nicht, ich prüfe lediglich alle duzend Gedankenschritte, ob ich mich diesen Kriterien annähere oder mich davon entferne.

Damit das Modell verständlich ist, sollte es maximal 20 % Neuheitswert haben. Es muss sich also gefühlt aus 80% gut Bekanntem und Akzeptiertem zusammensetzen.

Es sollte durch gewöhnliche Sprache verständlich sein. Wenn Mathematik auftritt, sollte diese visualisierbar sein. Abstrakte und logische Anteile sollten im Allgemeinen visualisierbar sein.

Ich sollte es vermeiden, mein eigenes Unverständnis hinter Wortneuschöpfungen oder Eigendefinitionen zu verstecken. Ich benutze dann vermehrt mehrere »ein-und-dasselbe« und laufe Gefahr, es mit meinen dichotomen Gedanken zu vermischen, was bekanntlich zu nichts führt.

Das Ergebnis muss durch eine Erfahrung, z.B. ein Experiment oder eine Beobachtung, überprüfbar bzw. widerlegbar sein. Der Nutzen ergibt sich alleine aus dem Bestehen eines solchen Abgleichs. Ein Nutzen ist konkret und nicht theoretisch.

Dabei muss natürlich nicht gleich eine Zeitmaschine herauskommen. Wenn ich mit dem Modell einen Zusammenhang erklären kann, den man bisher nicht erklären konnte oder es einen Zusammenhang auf eine einfachere und verständlichere Weise erklären kann, ist es bereits nützlich. Die Geschichte der großen Entdeckungen lehrt eins. Ein Forscher sucht nach etwas Bestimmtem und stößt dabei zufällig auf etwas Anderes. Es ist also egal, womit ich anfange, ich muss nur rechtzeitig dem richtigen Pfad folgen und vor allem: Ich muss anfangen. Also kann ich auch mit etwas Großem anfangen und mich freuen, wenn etwas Kleines herauskommt.

Ich habe also den Plan, die Existenz zu erklären. Jetzt werden Sie stöhnen, huh, wie soll das denn gehen, daran haben sich ja schon viele versucht und sind offensichtlich gescheitert. Lassen Sie sich gesagt sein, dass ich von dem Modell so überzeugt war, dass in Konsequenz dem schöpferischen Verstand bei genügend Treibstoff keine Grenzen gesetzt sind. Treibstoff ist in diesem Fall die einzige Hürde, denn der Treibstoff besteht aus den Erfahrungen, aus denen ich Modelle gewinne.

Ich hatte einen Masterplan: Ich unternehme erste Schritte und prüfe, wie weit mich diese in die richtige Richtung bringen. Der erste Schritt ist der wichtigste, weil er alle weiteren maßgeblich festlegt, der zweite Schritt ist der zweitwichtigste usw. Mein erster Schritt bestand also darin, die Frage in ein dichotomes Problem umzuwandeln, denn mein Modell sagt, dass ich nur so Modelle ohne Selbstbezüglichkeit bauen kann. Ich stelle mir konsequent niemals die Frage, warum es Existenz gibt, sondern höchstens, was Existenz ist oder noch besser, wie Existenz funktioniert. Ich prüfe dieses Modell dann, ob Kausalität hervorgeht und ob ich Kausalität bei der Erklärung vorausgesetzt habe.

Ich bildete also zunächst den Kontrast zwischen Existenz und dem Gegenteil. Aber was soll das Gegenteil von Existenz sein? Im Nachhinein war mir natürlich klar, dass dieser erste Schritt ziemlich mies war, weil »das Gegenteil« im gewissen Sinne ein Bestandteil von Existenz ist. Ich erzähle aber einmal weiter, denn mir war ja in dem Moment noch nicht klar, dass das zu nichts führt und worin das Problem liegt.

Ich bemühte ein paar Analogien und formulierte das Problem in die Dichotomie aus Einzigartigkeit und dem Gegenteil um und definierte beides mit 1 und 0. Die Symbolik der Mathematik schien ein nützliches Hilfsmittel zu sein, dachte ich mir. Zumindest scheint Symbolik Kausalität zu beinhalten und nicht vorauszusetzen. Meine Idee war nun, das eine mit dem anderen zu erklären und dadurch eine neue Erklärung zu erzeugen. Wenn es mir gelänge, einen Mechanismus zu entwickeln, bei dem ich immer nur eine neue Erklärung einführte, musste ich nur ausreichend Schritte vollführen und ich könnte alles ausreichend gut erklären.

Um es kurz zu machen, es hat nicht funktioniert. Da die Modelle alle aufeinander aufbauten, war das Gerüst viel zu instabil. In den einzelnen Stufen fand ich mehrere

Möglichkeiten, was natürlich der ganzen Idee widersprach. Ich kann nicht die Einzigartigkeit auf verschiedenartige Weise beweisen, oder? Ich brauchte einen besseren dichotomen Kontrast, schließlich ist der Kontrast und was ich damit erkläre ein-und-dasselbe. Ich darf nur nicht über diesen Umstand nachdenken. Es ist die Denkfalle, die fatale Schleifenbildung, vor der ich nicht oft genug warnen kann. Ich kam nicht weiter, schraubte den Allgemeinheitsanspruch zurück und wollte wenigstens »etwas« erklären.

Ich wählte dafür den Kontrast zwischen Bestimmtheit und Zufall, da sich die beiden Begriffe weniger bedingen als »etwas« und »das Gegenteil davon«. Zufall könnte das Gegenteil von Bestimmtheit sein, muss es aber nicht. Es sind erst einmal zwei Prinzipien, die sich gegenüberstehen.

Ich wusste, dass ich den Kontrast möglichst weit aufspannen muss, um darin denken zu können. Auf der einen Seite steht nun die Zufälligkeit und auf der anderen Seite die Bestimmtheit. Ich könnte es auch Unbestimmtheit und Bestimmtheit nennen, oder Chaos und Ordnung, Zufall und Schicksal oder als Fachbegriffe Probabilismus und Determinismus. Das X ist das, worüber ich nachdenke und es befindet sich nun zwischen diesen beiden Prinzipien.

Probabilismus |-----<x>-----| Determinismus

Ich wollte diese Spanne zunächst vergrößern. Was heißt Zufall, gibt es das überhaupt? Ich denke an das Werfen eines Würfels. Ist das Ergebnis wirklich zufällig? Meine empirische Erfahrung sagt ja. Ich sitze nun auf dem X und drehe mich um und blicke in die andere Richtung. Wenn ich es so betrachte, könnte ich eine Kamera mit einem Computer verbinden und in dem Moment, in dem der Würfel meine Hand verlässt, seine Bewegung erkennen und mit einem Computermodell den Aufprall berechnen, so dass ein Bildschirm das Ergebnis anzeigt, während der Würfel noch rollt. Das könnte ich mir als Ingenieur und Wissenschaftler wirklich vorstellen, auch wenn eine Umsetzung einige Jahre dauern würde.

Die Spanne ist nun bereits größer, da ich gleichzeitig voraussetze, dass das zufällige Ergebnis bestimmbar ist. Es ist damit beides zugleich. Das sind genau die Gedanken, die ich für meine Modellierung brauche. Ich darf nur nicht drüber nachdenken, warum beides das Gleiche sein könnte. Es müssen im dichotomen Kontrast strikt verschiedene Dinge sein, die sich gegenüberstehen.

Die Spanne ist für mich, das X, nun größer.

Probabilismus |----------------<x>----------------| Determinismus

Ich vermute nun, dass es vielleicht den absoluten Probabilismus auf der einen Seite und den absoluten Determinismus auf der anderen Seite geben könnte, die Grenzprinzipien darstellen. Das ist gefährlich, weil es ein abstraktes und nicht erfahrbares Modell ist. Aber ich denke mir, ich habe immer die Chance, mich beiden Seiten durch Erfahrung zu nähern.

Ich nähere mich wieder der deterministischen Seite. Ich kaufe einen Vanille-Pudding und stelle ihn in den Kühlschrank, um ihn am nächsten Tag zu essen. Wie bestimmt ist es, dass ich ihn am nächsten Tag wirklich herausnehme und esse? Nun, ich weiß es nur im Nachhinein, wenn ich es getan habe. Es ist also nicht wirklich vorherzusagen, dass dieses Ereignis mit Bestimmtheit eintritt, und hängt von zufälligen Dingen ab, die ich nicht berücksichtige und auch nicht kontrollieren kann. Ich könnte schlicht die Absicht vergessen oder durch ein Ereignis abgelenkt werden. Aber normalerweise: Ja, der Pudding ist im Kühlschrank, ich könnte ihn nehmen und essen. Was ist, wenn meine Freundin an demselben Tag ebenfalls Vanille-Pudding kauft, weil sie weiß, dass ich ihn gerne esse. Ich mache am nächsten Tag den Kühlschrank auf und sehe zweimal den Pudding. Ist es jetzt immer noch bestimmt, dass ich ihn esse? Dann esse ich eben einen Pudding oder beide, aber das entspricht nicht dem ursprünglichen Plan, den Pudding zu essen, den ich mir gekauft habe.

Aber selbst wenn ich noch im Supermarkt auf Nummer sicher gehe und ihn sofort öffne, könnte in die Verpackung aus Versehen ein Schoko-Pudding geraten sein, weil jemand in der Fabrik nicht aufgepasst hat. Ich könnte so den Vanille-Pudding bestimmt nicht essen, wie gedacht.

Ich wende das noch einmal auf den Würfel an. Kurz vor dem Wurf hängt sich mein Berechnungsprogramm wegen eines Speicherdefekts auf. Ich kann diesen Wurf nun nicht vorhersagen. Nach einer Diagnose steht vielleicht fest, dass der Speicherbaustein ausfiel. Ist es nun zufällig, dass dieser ausfiel oder wurde das wiederum in der Produktion durch einen weiteren Zufall vorbestimmt? Wohlgemerkt, es geht hier nicht um Wahrscheinlichkeiten, dass es in 99% klappen wird. Ich mache beides nur ein einziges Mal.

Beim schöpferischen Denken macht es keinen Sinn, nach der Unterschiedlichkeit der Enden des Kontrastes zu suchen. Irgendwie scheinen Sie ja doch das Gleiche zu sein und nicht ohne einander definierbar. Ich schiebe die Frage der Existenz von absoluter Zufälligkeit und absoluter Bestimmtheit beiseite und prüfe einfach nur, ob die Idee nützlich ist.

Wir wissen schließlich, dass ein Ideal immer naiv ist. Es ist also nicht relevant, ob es das wirklich gibt.

Ich gehe nun davon aus, dass egal was ich mache, ein Schritt immer Zufall und Bestimmtheit beinhalten muss, damit das X in der Mitte bleibt. Damit ist alles, was existiert, zufällig und bestimmt zugleich. Wie ist das gemeint? Überlagert gleichzeitig oder anteilig? Damit ich das Modell der Dichotomie anwenden kann, muss ich eine Wechselwirkung von Probabilismus und Determinismus verlangen, damit ich sie in Verbindung bringen kann.

Existenz soll also die Wechselwirkung dieser beiden Prinzipien sein. Es ist beides zugleich, vielleicht anteilig, aber auf jeden Fall untrennbar miteinander verknüpft, diese Verknüpfung nenne ich Wechselwirkung, kurz Wirkung.

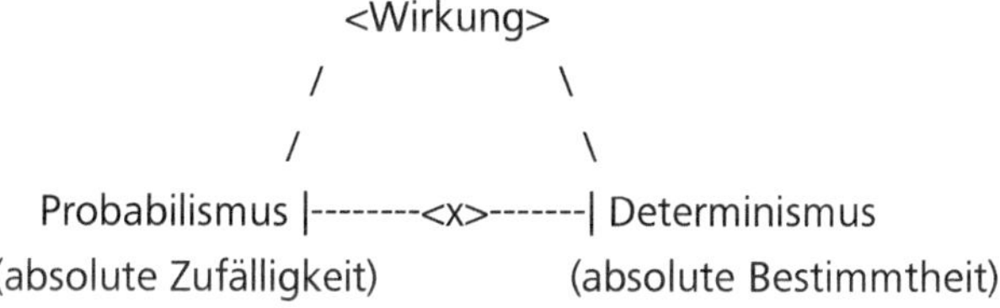

Damit ist ein übergeordnetes Prinzip modelliert. Ich kann die einzelnen Facetten der Wechselwirkung ausdrücken, aber die Wechselwirkung selber ist etwas Spirituelles. Wirkung im Sinne einer Wechselwirkung ist ein Modell, das unser Verstand versteht, aber nicht erklären kann. Zwei Menschen verbringen eine gemeinsame Zeit, danach haben sich beide Menschen so verändert, dass ihre Zukunft eine andere ist, als wenn sie nicht wechselgewirkt hätte. Überlesen Sie die Kausalität dieses Beispiels, denn Kausalität kommt erst zwei Schritte weiter.

Prinzip Wirkung

Die Wirkung ist die Facettierung in Zufall und Bestimmtheit.

Abbildung 2: Zufall und Bestimmtheit sind Facetten ein-und-derselben Wechselwirkung

Ich visualisiere einen leeren Punkt. Ich weiß, dass dieser leere Punkt in beide Anteile zerlegbar sein muss. Ich bestimme nun den leeren Punkt mit sich selbst. Das könnte z.B. so aussehen, dass ich mir den leeren Punkt als viele denke und alle miteinander verbinde.

Lassen Sie sich nicht davon täuschen, dass es jetzt unbestimmt viele Punkte sind, ansonsten hat er keine Eigenschaft.

Diese Verbindung will ich als Strecke darstellen, eine Art Dimension. Die leeren Punkte liegen noch nicht auf einer klassischen, geometrischen Dimension, da sie nicht zwangsläufig von links nach rechts verkettet sind und der leere Punkt auch sonst noch keine Eigenschaften hat.

Prinzip Projektion

Die Projektion ist die Abhängigkeit von bestimmter und zufälliger Facette.

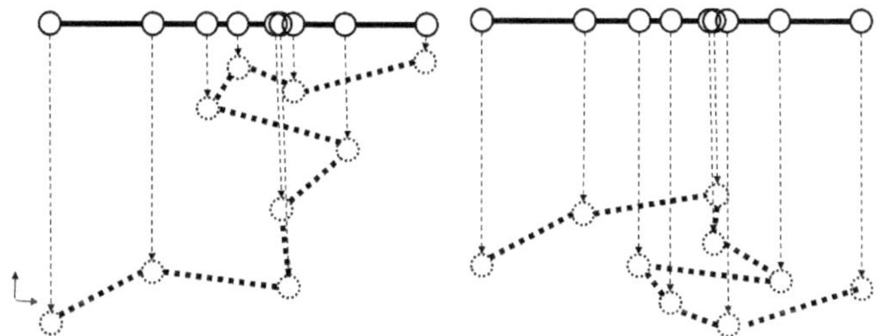

Abbildung 3: Projektion als Wirkung/Abhängigkeit von bestimmter und zufälliger Facetten

Ich determiniere im nächsten Schritt die unbestimmte Verbindung in eine bestimmte Verbindung, so dass die leeren Punkte eine Kette bilden. Ich kenne den umgekehrten Schritt aus unserer Welt als Projektion. Wie die Punkte verbunden sind, ist nun bereits »etwas« bestimmter.

Aus vielen ähnlichen Beobachtungen schließe ich auf eine bestimmte Beobachtung. Aus einem bestimmten Ideal erkläre ich verschiedenste Variationen. An einem Apfelbaum hängen Früchte. Obwohl alle leicht unterschiedlich sind, kann ich sagen, dass alle einzelnen Früchte verschiedene Projektionsfacetten ein-und-desselben Apfelprinzips sind. Die Variationen der Äpfel in Form und Farbe sind zufällig, das Ideal des Apfels ist aber bestimmt.

Damit das Beispiel des Apfels gilt, muss jedoch auch folgendes Prinzip verwendet werden.

Prinzip Proportion

Die Proportion ist das Zusammenwirken von Konstanz und Variabilität.

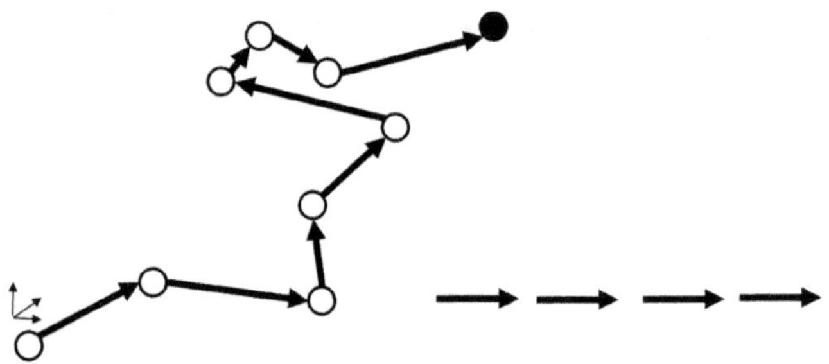

Abbildung 4: Jede zufällige Facette hat eine bestimmte Proportion. (Der Abstand der Punkte in 3D ist konstant)

Es könnte z.B. die Beziehung zwischen dem eigenschaftslosen Punkt und dem Abstand sein. Ich bestimme nun den Abstand zwischen zwei leeren Punkten als konstant. Der Abstand zwischen voneinander entfernten Punkten ist weiterhin variabel und zufällig.

Nach meiner Vorstellung habe ich nun eine unendliche Anzahl von möglichen, unendlich langen Ketten in einem dreidimensionalen Gebilde beschrieben, die durch einen konstanten Abstand jedoch wohl proportioniert sind, pro Portion quasi.

Mit dem nächsten Prinzip hauche ich den Facetten, bzw. den beispielhaften Ketten, Leben ein.

Prinzip Prozess

Der Prozess beschreibt das mögliche Wechselwirken von Bestimmtheit und Zufall unter der Bedingung der Proportion.

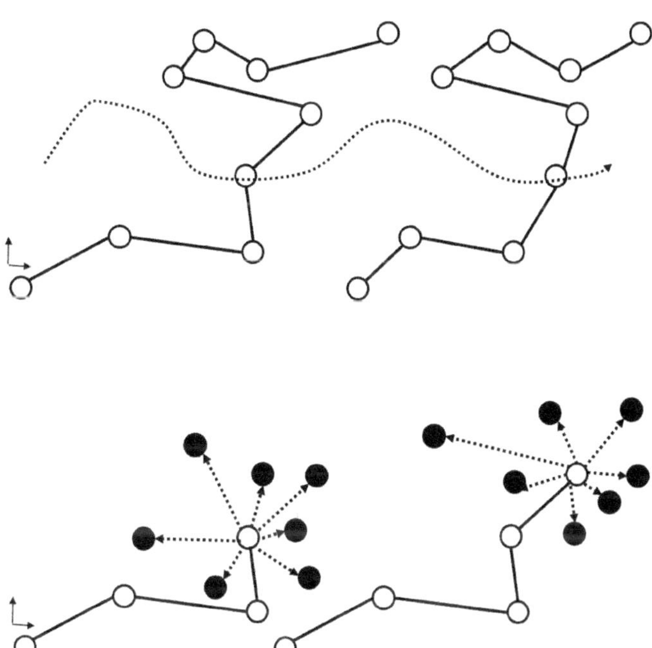

Abbildung 5: Möglichkeit als zufällige Abfolge bestimmter Facetten und Variation als bestimmte Abfolge zufälliger Facetten

Mit dem Prinzip des Prozesses betrachte ich die Ketten nicht mehr als statisch überlagert sondern als dynamisch veränderlich. Eine Facette dieser Dichotomie sagt, dass »Möglichkeit« die zufällige Abfolge von möglichen, also bestimmten Facetten ist.

Demgegenüber steht die Kontrastfacette »Variation« als die eine bestimmte Realisierung aller zufälligen Facetten.

Sie gehen durch eine belebte Einkaufstraße. Von allen möglichen Schritten vollführen Sie nur eine mögliche Kombination. Gleichzeitig ist Ihnen klar, dass viele weitere zufällige Kombinationen bestehen, es sich aber nur eine einzige Möglichkeit davon realisiert. Von oben betrachtet filmen Sie alle Passanten. Keine Passanten verschwinden oder durchdringen sich. Variation ist nun definiert als die Abfolge der Passantenpositionen unter den Randbedingungen der Projektion und Proportion. Es ist der Wesenszug der gerichteten Veränderung.

Demgegenüber steht der Wesenszug der Möglichkeit als die eine bestimmte Realisierung aller möglichen Realisierungen.

Von allen möglichen Entscheidungen in unserem Leben treffen wir stets nur exakt eine und leben mit der Konsequenz.

Keins dieser vier Prinzipien bedingt bisher Kausalität, wohlgemerkt.

Jede Wirkung zeigt sich per Projektion in Form von Proportion durch Prozess. Das monokratische Prinzip der Wirkung zwingt alle untergeordneten Prinzipien zur Wechselwirkung zweier Facetten. Alle untergeordneten Prinzipien haben folglich zwei Facetten. Für die Symbolik und damit die Mathematik und Logik reichen diese vier Prinzipien bereits aus. Doch für die Kausalität brauchen wir noch die Ursache.

Prinzip Ursache

Wie kann sich nun Ursache in die Monokratie einreihen?

Ich betrachte einen Punkt der Kette und mache ihn fett. Ich lasse ihn den Abstand im Raum unbestimmt durchwechseln. Mit jedem neuen Schritt vergrößert sich die Anzahl der Möglichkeiten unbestimmt.

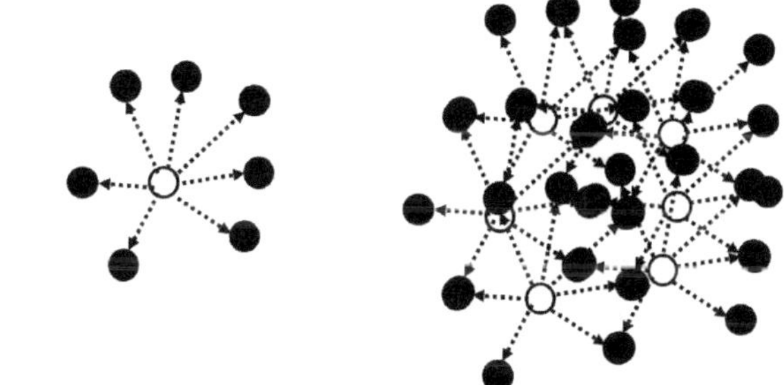

Abbildung 6: Ursache als unbestimmte Wirkungsausbreitung

Mathematisch überlagere ich nun alle möglichen Konfigurationen zu einer Konfigurationsraumdichte. Ich betrachte also beide Facetten des Prozesses. Eine Kette stellt zunächst eine Möglichkeit da. Durch die Berücksichtigung aller Varianten beschreibe ich nun den ganzen Prozess, der sich folglich nur noch statistisch darstellen lässt. Es handelt sich um einen bedingten Zufall, der bewirkt, dass bestimmte Proportionen mit einer variablen Wahrscheinlichkeit auftreten, obwohl die Bedingungen konstant bleiben.

Sie sehen, auch wenn Sie vielleicht nicht sofort folgen können, wie Gegensätzliches als »ein-und-dasselbe« dargestellt

wird und alle untergeordneten Prinzipien stets die übergeordneten Prinzipien beinhalten.

Mathematisch lässt sich diese Dichte exakt beschreiben,
auch wenn die Gleichung etwas kompliziert ist. Auf den
ersten Blick denkt man vielleicht, dass die größte Wahrscheinlichkeit im Ursprung liegt. Die größte Dichte bleibt
jedoch nicht beim Ursprung, sondern breitet sich vom Ursprung weg kontinuierlich aus und flacht langsam ab.

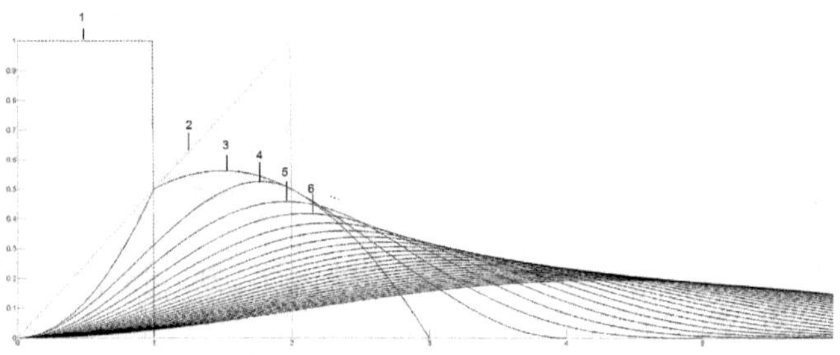

Abbildung 7: Ausbreitung der Raumwelle

Kann dieser Ursprung nun als Ursache angesehen werden?

Ich determiniere, dass eine weitere Zufalls-Dimension
entsteht. Erinnern Sie sich an die Striche der »ersten« Dimension, die sich als Projektion von etwas Konstanten aus
der zweiten Dimension erwiesen. Und die zweite Dimension
als Projektion der leeren Punkte in der dritten Dimension?
Genau so handhabe ich es weiterhin. Wenn zufällig die
Konfiguration im Raum mit sich selbst wechselwirkt, liegt
die Konstanz im Abstand in einer vierten Dimension. Das
könnte nun ein imaginärer statt ein realer Abstand sein,
dessen Betrag allerdings zu jeder Zeit konstant ist.

Sie merken, es wird langsam kompliziert. Bevor Sie komplett abgeschreckt sind, betrachte ich es einmal philoso-

phisch. Zunächst war da das »Nichts«, das ich als leeren Punkt visualisiert habe. Dann habe ich das »Nichts« Stück für Stück determiniert, bis ich das »Etwas«, und zwar den fetten Punkt hatte. Durch die Determinierung steht das »Etwas« in Beziehung zum »Nichts« durch so etwas wie Raum (Proportion) und so etwas wie Zeit (Prozess). Sie merken, wie natürlich das Wort »bestimmt« in diesem Zusammenhang funktioniert.

Zusätzlich ist es bestimmt, dass das »Etwas« mit sich selbst in einer vierten Dimension wechselwirken muss, wobei es alle bisherigen Prinzipien, also einen Prozesscharakter und eine Proportion, aufweisen muss. Da sind wir dann am Rand unserer empirischen Erfahrung, oder etwa nicht?

Gehen wir mal aus der Philosophie in die Physik und fragen uns, was das »Etwas« denn überhaupt sein könnte? Ein Atom? Ein Elementarteilchen? Das funktioniert nicht, da bekannt ist, dass es davon verschiedenartige gibt. Was haben wir denn noch? Es sollte irgendwas sein, was im Raum erhalten bleibt. Da bleiben also aus unserer empirischen Erfahrung heraus nur die Energie, die Masse und der Impuls. Energie und Masse sind unter bestimmten Bedingungen äquivalent, sagte Einstein. Und Impuls ist eine Größe, die wiederum Masse mit der Geschwindigkeit verbindet. Nun gibt es nicht so viele Optionen, zwei davon sollten sich als Dichotomie herausstellen. Die Projektion aus der vierten Dimension in den dreidimensionalen Raum entspricht einer zufällig fluktuierenden Wirkung im Raum, die jedoch einer bedingten Wahrscheinlichkeit gehorcht. Außerdem hat sie einen Prozesscharakter und es zeigt sich immer nur eine mögliche Realisierung der Wirkung aller Optionen. Das ist die zentrale Eigenschaft des Raums über seine euklidische Definition hinaus. Es ist weder Masse noch Energie noch

Impuls, es ist zunächst die Wechselwirkung des Raums mit sich selbst, der eine unter unendlich vielen Wirkungen erzwingt.

Doch dieser Raum ist nicht starr, er expandiert, zunächst beschleunigt und dann mit der Wurzel zur Anzahl der Ausbreitungsfolge. Erstaunlicherweise bewegt sich die Raumwelle vom Ursprung weg und verbreitert sich. Ohne Wechselwirkung mit sich selbst würde der Raum gleichzeitig mit jedem Schritt dichter. Doch der Raum *muss* durch das oberste Prinzip mit sich selbst wechselwirken. Diese Wirkung muss sich wiederum in zwei Facetten zerlegen lassen. Ich breche das an dieser Stelle ab.

Was kann das sein, das ich bisher geschöpft habe? Nun, ich habe ein bisschen darüber nachgedacht und es kann eigentlich nur ein Modell eines Urknalls sein, was Sie sicherlich an den Begriffen Raum und Zeit usw. ersehen konnten. Also nicht der Urknall unseres Universums, sondern die Art von Urknall, den ich mit der vorgestellten Prinzipkaskade modellieren und berechnen kann. Doch wo ist nun die Ursache? Findet sich das Prinzip der Ursache weiter untergeordnet oder ist das Prinzip Ursache der dichotome Kontrast zu dem Prinzip Wirkung, so dass beides Facetten eines noch unbekannten übergeordneten »ein-und-dasselbe« sind? Wenn Letzteres der Fall wäre, würde dies zu einem Modell führen, welches Antworten auf *Warum*-Fragen ermöglicht, denn eine Frage nach der Ursache ist immer eine *Warum*-Frage.

Sie denken wahrscheinlich seit zehn Seiten, dass ich nun vollkommen übergeschnappt sei. Rufen wir also ein Tribunal ein, um darüber zu urteilen: Zu meiner Verteidigung wähle ich Gotthold Ephraim Lessing und Albert Einstein.

Gotthold, habe ich den Verstand verloren?

»Wer über gewisse Dinge den Verstand nicht verliert, der hat keinen zu verlieren.«

Albert, was sagst du?

»Weisheit ist nicht das Ergebnis der Schulbildung, sondern des lebenslangen Versuchs, sie zu erwerben.«

Danke, seht ihr, ich denke, ich habe mich mit meinem Urknallmodell ganz wacker geschlagen, zumindest dafür, dass ich kein theoretischer Physiker bin. Ich bin froh, dass ich nicht meine Gedanken zu den Primzahlen herangezogen habe, die ja auch schon zu deiner Zeit bekannt waren, Gotthold. Du weißt schon, diesen absolut zufälligen Zahlen in einer absolut bestimmten Reihe. Diese sonderbaren Zahlen mit zufälligen Abständen, mit denen sich alle anderen Zahlen konstruieren lassen. Ist die Mathematik nicht das ultimative Werkzeug für Modelle und viel besser als dieses philosophische, unpräzise Gerede, Albert?

»Die Philosophie gleicht einer Mutter, die alle anderen Wissenschaften geboren und ausgestattet hat. Man darf sie in ihrer Nacktheit und Armut nicht geringschätzen, sondern muss hoffen, dass etwas von ihrem Don-Quichote-Ideal auch in ihren Kindern lebendig bleibt, damit sie nicht in Banausentum verkommen.«

Wer ist dieser Don-Chichote und willst du damit sagen, dass ich ins Banausentum abgedriftet bin, lieber Albert?

»Das Wichtigste ist, dass man nicht aufhört zu fragen.«

Dann sag mir, denkst du, dass mein Verstand vielleicht nicht ausreicht, um die richtigen Fragen zu stellen?

»Wir können überhaupt nicht denken, ohne unsere fünf Sinne zu gebrauchen.«

Jaja, soweit war ich ja schon, aber schön, dass wir da einer Meinung sind. Kannst du mir wenigstens sagen, ob ich die richtigen Fragen stelle?

»Du fragst: Hat es denn überhaupt einen Sinn, diese Frage zu stellen? Ich antworte: Wer sein eigenes Leben und das seiner Mitmenschen als sinnlos empfindet, der ist nicht nur unglücklich, sondern auch kaum lebensfähig.«

Irgendwie hatte ich gehofft, dass du mich als Querdenker verstehst und eher etwas zu meiner physikalischen Analogie sagen könntest.

»Mathematik ist die einzige perfekte Methode, sich selber an der Nase herumzuführen.«

Na gut, ich denke, ich verstehe deinen Standpunkt. Aber komm, sag schon, wie findest du die Idee mit dem dichotomen Kontrast zwischen absoluter Zufälligkeit und absoluter Bestimmtheit?

»Die Theorie liefert viel, aber dem Geheimnis des Alten bringt sie uns kaum näher. Jedenfalls bin ich überzeugt, dass der Alte nicht würfelt«

Meinst du, Gott könnte der Schlüssel zur Ursache und Kausalität sein, der noch fehlt?

»Wer von der kausalen Gesetzmäßigkeit allen Geschehens durchdrungen ist, für den ist die Idee eines Wesens, welches in den Gang des Weltgeschehens eingreift, ganz unmöglich - vorausgesetzt allerdings, dass er es mit der Hypothese der Kausalität wirklich ernst nimmt.«

Also entweder Gott oder Kausalität? Gotthold, was denkst du?

»Ein Weiser schätzt kein Spiel, wo nur der Zufall regieret.«

War ja klar, totales Bashing von euch beiden. Was habt ihr bloß gegen die Vorstellung des Zufalls. Ihr Erfolgreichen immer mit euren Dogmen. Mein Prinzip ist eben weiter gedacht, als ihr euch das in eurer Zeit ausmalen konntet. Aber ich will nicht unhöflich sein und euch für eure klaren Worte danken.

»Der wahre Virtuose spottet bei sich über jede uneingeschränkte Bewunderung, und nur das Lob desjenigen kitzelt ihn, von dem er weiß, dass er auch das Herz hat, ihn zu tadeln«

Schon gut, ich hab's verstanden. Mitleid ist nichts, was ich benötige. Ich will doch nur aufklären, so wie du damals, Gotthold.

»Kann man denn nicht auch lachend sehr ernsthaftig sein?«

Danke für die Überleitung, Gotthold. Habt ihr noch einen klugen Ratschlag, wenn ihr schon mal dabei seid? Der Leser freut sich vielleicht darüber, einmal eine andere Stimme in seinem Kopf zu hören.

»Gute Einfälle sind Geschenke des Glücks«

Veränderung

In jedem Menschen steckt ein Humorist oder zumindest der Verstand, um Humor als solchen zu erkennen. In allen Gruppen, die ich kenne, wird gerne gelacht. Es sind aber eben nicht nur die pointierten Witze oder die geistreichen Vorträge eines Satirikers oder die Show eines Stand-Up-Comedians - es sind in erster Linie situative Begebenheiten, über die gelacht wird. In der Unterhaltungsindustrie wird dieses Phänomen seit Jahrzehnten erfolgreich in Sitcoms kultiviert. Aber ist Ihnen schon einmal aufgefallen, dass für Fremde der situative Alltags-Humor nicht lustig ist? Sie haben es bestimmt selbst schon erlebt, dass eine fremde Gruppe herzlich über eine wirklich triviale und abgedroschene Dummheit lacht, Sie als Außenstehender das aber überhaupt nicht lustig finden? An dieser Anomalie erkennen Sie die eigentliche soziale Funktion von Humor. Menschen nutzen Humor methodisch und als Waffe.

Zunächst einmal kann Humor in Form von Spott als verbale Methode der Unterdrückung genutzt werden. Durch das öffentliche Auslachen eines Menschen überhöht sich der Spottende über den Ausgelachten. In zivilisierten Kreisen ist es inzwischen möglich, Humor als Waffe gegenüber Autoritäten einzusetzen, ohne dafür mit seinem Leben zu bezahlen. Humor wird zur Waffe des Unterdrückten, und für viele Unterdrückte sogar zur einzig verbleibenden Waffe, wenn nicht sogar zum Galgenhumor in einer ausweglosen Lage. Diese Auseinandersetzung ist in unserer Gesellschaft akzeptiert. Es bleibt aber schlicht eine Waffe, unabhängig von der moralischen Rechtmäßigkeit. Ein Schöpfer kann sich dieser Waffe bemächtigen, um seine Ideen gegenüber anderen Menschen durchzusetzen, die ihn hindern. Moralisch korrekt kann er Humor nutzen, um auf Missstände hinzuweisen, Brücken zu schlagen und Schwierigkeiten mit anderen Menschen zu begegnen. Aber was schert uns Moral?

Sie sind noch nicht überzeugt, dass Humor nur eine soziale Waffe ist?

Dann bist du so dumm wie Toastbrot!

Ein solch spöttischer Spruch dient dazu, einen anderen Menschen zu demütigen. Er kann auch in gewisser Weise versöhnlicher formuliert werden.

Brot kann schimmeln, was kannst du?

Nichtsdestotrotz dient er in erster Linie dazu, jemanden sozial unter sich einzuordnen, sich also selbst zu überhöhen. Durch Lachen der Beteiligten wird dies bestätigt, weshalb immer gerne in größeren Gruppen gelacht wird. Sich über jemanden lustig zu machen, ist eine sehr milde und unblutige Form der Strafe für einen Angriff oder ein eigener Angriff oder zumindest die unblutige Vorstufe einer Konfrontation. Dieses Ventil ermöglichte es vielleicht den Menschen, sich gegenseitig weniger schnell umzubringen und einen Anführer zu bestimmen. Die Entwicklung dieser Methode war so vielleicht ein Baustein zur Bildung von größeren Populationen. Die natürliche Reaktion ist, sich wehren zu wollen. Aber falls das aussichtslos oder zu gefährlich ist, kann man sich dem Spott auch in Form von Selbstironie oder Non-Sense entziehen.

Ich denke, ich bin dann eher ein Pumpernickel, ist ja schon dunkel draußen.

Indem man die eigene Unzulänglichkeit thematisiert, lässt man den Angreifer ins Leere laufen. Mit der Methode Humor wurde die Methode Humor bekämpft. Nehmen wir nun an, dass nicht ein Individuum, sondern eine ganze Gruppe von einer anderen Gruppe unterdrückt wird. Dann wählt die Gruppe als moralischen Anführer den größten Humoristen. Einer ist nun besonders fähig, geistreiche Witze zu erzählen, indem er die direkte spöttische Konfrontation mit weiteren Methoden wie Geschichte und Analogie und empathische Projektion in einem Erzählwitz konstruiert.

»Sagen Sie, Rabbi« fragte der Steuerprüfer, »was machen Sie mit den Krümeln, nachdem Sie das ganze Brot verteilt haben?«
»Oh«, sagte der Rabbi, »wir kehren die Krümel vorsichtig zusammen und schicken sie in die Stadt, woraus dann

neues Brot gebacken wird und an uns zurückgeschickt wird.«

»Aha, und wie steht es mit den abgebrannten Kerzen. Was macht Ihr mit den Enden?«

»Oh, wir schicken sie auch in die Stadt, woraus dann neue Kerzen gefertigt werden und diese werden an uns zurückgeschickt.«

»Und wie steht es mit den Beschneidungen. Was machen Sie mit den übriggebliebenen Stücken?«

Genervt erwiderte der Rabbi »Wir schicken sie auch in die Stadt« »So, so, in die Stadt. Und was schicken die zurück?«

»Na, heute haben die uns SIE geschickt.«

Da Humor aber die Waffe des kleinen Mannes ist, wird diese Überhöhung wieder entlarvt, indem die Tradition ausgenutzt wird, sich gegenseitig mit Witzen unter der Aufsicht des spöttischen Unterdrückers zu duellieren. Es wird mit einer Frage gekämpft, die der intellektuelle Witzeerzähler nicht beantworten kann, da sie trivial ist oder aus einem Wortspiel abgeleitet wird.

Zu welchem Arzt geht Pinocchio? Zum Holz-Nasen-Ohren-Arzt.

Als ich klein war, freuten wir uns diebisch, solche Witze zu erzählen, mangels des Könnens, einen intelligenten Witz selbst entsprechend vorzutragen. Er ist so trivial, dass man weder große Übung noch ein gutes Gedächtnis braucht, um einen solchen Witz vorzutragen und sich damit gegenüber eines rhetorisch gewandten Menschen überhöhen kann, der einen Witz perfektioniert hat. Er zeigt dem Publikum, dass es weniger Bedarf, um Leute zum Lachen zu bringen.

Ein Gegenkonzept wäre es nun, sich über diesen Witzeerzähler zu überhöhen, indem man als Gegenentwurf zu dieser abstrakten Wort-Konstruktion wiederum einen persönlichen Bezug nimmt, und sich über ein Kleidungsstück seines Gegenübers oder über sein Hobby lustig macht, wo wir wieder beim Spott wären und sich der Kreis schließt.

Humor ist wissenschaftlich erstaunlich wenig erforscht und es gibt zwar verschiedene Ansätze aber längst keine einheitliche Theorie über etwas so elementar Menschliches. Das liegt wohl daran, dass sich die Wissenschaft eine gewisse Ernsthaftigkeit verschrieben hat, obwohl viele Veröffentlichungen von einer unfreiwilligen Komik zeugen. Wissenschaft als komplexe Methode funktioniert eben nicht so gut zur Selbstüberhöhung wie Humor.

Ich will einmal versuchen, Sie mit Humor kalt zu erwischen. Ich gehe davon aus, dass Sie einen wichtigen Bürojob haben. Beobachten Sie Ihre emotionale Reaktion, gegen die Sie sich nicht wehren können, wenn Sie sich betroffen fühlen und ob Sie vielleicht schmunzeln, wenn Ihnen das eher von einem Kollegen bekannt vorkommt.

Advanced tip for engineering careers (kurz AT4EC)

Du hast dir in deinem Laptop einen Prozess oder Ablaufplan überlegt, durch den nun offensichtlich alles besser wird. Zunächst einmal: Nenne es lieber Methode, das klingt akademischer. Aber Vorsicht: Jeder weiß, dass eine neue Methode nur so gut ist wie ihr Name. Verwende also mindestens so viel Zeit auf den Namen wie auf das Prinzip. Puzzle dazu so lange englische Schlagwörter zusammen, bis ein wohlklingender Name aus den Anfangsbuchstaben zustande kommt. Perfekt, nun ist deine Methode einprägsam und zeugt von Kreativität. Aber führe die Methode mit Bedacht ein. Warum? Studiere doch einmal eingehend das Verhalten im **A**ffengehege **b**ei **A**nwesenheit **e**iner **s**aftigen **A**nanas (kurz Abaesa). Wenn die Ananas lecker duftet, wirst du schon allen zeigen, dass du sie hast, da es vermutlich deine soziale Stellung erhöht. Aber wenn sie wirklich lecker ist, wird es wahrscheinlich nicht lange deine Ananas bleiben und ein anderer nimmt sie dir weg.

Aktionismus ist kein Problem, es löst Probleme

Niemand kennt in deinem Umfeld die Ursache eines Problems, doch dann entdeckst du beim Durchstöbern von Daten zufällig eine kleine Abweichung und hast auf einmal eine Idee, woran es liegen könnte …. Super, du hast die Lösung des Problems auf jeden Fall gefunden, aber sage lieber nur, dass du eine Theorie hast, du willst doch dein Understatement bewahren.

Setze durch, dass diese Sache mit allen möglichen Ressourcen verfolgt wird. Achte darauf, dass sich niemand davor drückt und womöglich noch in einem stillen Kämmerlein irgendwelche Bücher wälzt und von Kausalität und Logik redet. Pass auch auf, dass keiner irgendwelche weiteren oder anderen, womöglich noch wissenschaftlichen, Daten erhebt. Das dauert zu lange. Bei solchen Problemen führt nämlich nur eine schnelle und gemeinschaftliche Anstrengung zum Erfolg

Ein Arbeitnehmer, der die Basis-Rechenoperationen beherrscht, kann jederzeit zum Exceltoolator aufsteigen.

Du hast ein nützliches Tool in Excel erstellt und vielleicht sogar Visual Basic benutzt und es geschafft, dass dieses

Tool alle in deiner Abteilung einheitlich verwenden wollen? Glückwunsch, zum Dank wurdest du wahrscheinlich schon zum Exceltoolator ernannt. Andere Lösungen werden ab jetzt nicht mehr gebraucht - Moment mal, Exceltoolator fragst du dich? Das klingt ja fast wie Diktator. Dabei erledigt das Tool doch nur - und zur Entzückung aller - die EDV etwas effizienter. Hier die Lösung für Gewissensbisse: Ergänze das Firmen-Logo, dann bist du zumindest schon einmal ein autoritärer statt totalitärer Exceltoolator. Schon besser, oder? Schütze noch den Code mit einem Passwort und sperre die wichtigen Reiter, man weiß ja nie, ob nicht ein junger Revoluzzer deine dynamische Programmierung verstehen möchte, und sie dabei beschädigt. Du weißt, dass er es wahrscheinlich gut meint, aber Veränderungen werden ab jetzt in der EDV nicht mehr gebraucht und wenn doch, würdest du das schon erkennen und selbst lösen, wie du es bereits getan hast.

In jedem Entwickler steckt ein Künstler der abstrakten Analytik

Versuche es doch einmal mit einem Kästchen-Pfeilchen-Diagramm, wenn die Zusammenhänge wirklich komplex sind. Bilder sagen schließlich mehr als tausend Worte. Wenn du es schaffst, genug Schlagwörter für die Kästchen zu finden und alle Pfeile irgendwo hinführen und alle Kästchen verbunden sind, dann - ja dann - hast du die komplexe Materie wirklich verstanden. Du musst es dann auch niemanden mehr durch situative Vereinfachung und Ableitungen von Beispielen und Analogie erklären. Es reicht vollkommen aus, wenn du ihm das Diagramm übergibst. Denn merke: Normalos können solche Diagramme sofort verstehen und analytische Genies erstellen diese deshalb für Normalos. Du hast Befürchtungen, dass deine Kollegen vielleicht nicht ganz so klug wie Normalos sind? Versuche das durch Hinzufügen von Piktogrammen zu kompensieren. Du weißt nicht genau, welche Piktogramme wirklich passen und kannst auch nicht designen? Egal, Hauptsache Piktogramme, das erhöht den visuellen Zugang.

Beherrsche die visuelle und ewige Gedankenübertragung

Du hast eine Powerpoint-Präsentation erstellt, auf der wirklich alles dargestellt ist und ausführlich mit Text erörtert? Du hast an jede noch so kleine Information und an eine systematische Gliederung gedacht. Dann kannst du während der Präsentation den Raum verlassen. Du hast deinen Job so gut gemacht, dass dich keiner vermissen wird. Hole in der Zwischenzeit nach, was die ganze Woche dafür liegen geblieben ist. Noch eins, vergiss nicht, die Präsentation irgendwo abzuspeichern, schließlich sollen ja noch Generationen nach dir aus deiner guten Dokumentation in der Cloud lernen.

Nutze das Rätsel-Talent deines Chefs

Es gibt in deinem Fachbereich ein Problem, doch dein Chef schenkt dir kein Gehör und verlangt, dass du zu einer Besprechung in größerer Runde einladen sollst. Recht so. Er erwartet von dir, dass du Folgendes machst: Visualisiere möglichst viele problembezogenen Daten in Excel und kopiere sie in eine Powerpoint-Präsentation – du musst das Dargestellte gar nicht verstehen – dein Chef versteht sich auf das Lösen solch schwieriger Rätsel. Er wird das Problem und die passende Lösung schon finden. Aber Vorsicht! Vermeide es, den Teilnehmern der Besprechung vorab Informationen zukommen zu lassen. Schließlich kann der Chef seine Fähigkeiten nur voll ausspielen, wenn alle mit dem Beginn der Besprechung die gleiche Zeit zum Lösen haben. Nutze die Zeit und beobachte die anderen, du wirst feststellen, dass viele deiner Kollegen schnell auf die gleiche Lösung kommen, auch wenn sie es etwas anders ausdrücken werden. Das ist die statistische Bestätigung, dass das Rätsel von deinem Chef bereits richtig gelöst wurde. Das bedeutet, dass diese Kollegen bereits fast so gut sind und wahrscheinlich bald von ihm befördert werden.

Eine to-do-Liste ist Legislative, Exekutive und Judikative in Excel-Union

Du hast vergessen, die tägliche to-do-Liste zu aktualisieren? Oh Gott, das Projekt war doch schon gegen die Wand gefahren. Warum lässt du jetzt auch noch die Wand drauf fallen? Hier der Tipp: Vernachlässige niemals, wirklich niemals, die to-do-Liste, sonst passieren so Sachen wie in diesem Abschnitt und du verspielst deine totale Glaubwürdigkeit. Niemand kann nun mehr prüfen, was du gemacht hast. Wie willst du so jemals beweisen, dass du die Wand nicht womöglich sogar mit Absicht umgeschubst hast?

Die Minion'sche Ampel Regel

Eine Ampel ist eine tolle Analogie um Projektstände zu visualisieren und wesentlich erwachsener als z.B. Smileys. Halte es aber trotzdem wie das Zeichnen von Minions bei deinen Kindern. Sorge dafür, dass sie immer alle gelb sind. Werden deine Projektstände zu früh grün, kannst du bald keine Fortschritte mehr verkaufen und kommst in Erklärungsnot. Leider wird dir keiner glauben, dass du dein Projekt so gut im Griff hast, schon gar nicht, wenn eine Ampel während des Projektes wieder auf Gelb zurückfallen sollte. So eine grüne Statusvergabe ist doch höchst unseriös. Aber wende auch die Banana-Rot-Regel an: Wenn eine Ampel eigentlich rot ist, fahr trotzdem drüber und falls du erwischt wirst, sage Folgendes: »Aber, Herr Projektaufseher, Sie war doch noch gelb, als ich das letzte Mal draufgeschaut habe« - abwechselnd mit: »Nein, nein, das sehen nur Sie so, dass ich über Rot gefahren bin.« Umso öfter du es sagst, umso wahrer wird es.

Die ultimative Methode für Doktoranden

Da gibt es diese wissenschaftliche Methode, die ich aus sehr schwer verständlichen Schriften erlangt habe. Ich habe sie in mühevoller Detailarbeit speziell auf das vorliegende Problem angepasst. Die Begriffe, die ich verwende, um sie zu erklären, sind trotz Fachvokabular stets so allgemeinverständlich, dass noch nie jemand nachfragen musste. Alle waren immer total sprachlos. Leider konnte ich diese Methode bisher nur im ausgewählten Vier-Augen-Gespräch und mit wenig Zeit vorstellen. Ich kann sie auch hier und jetzt verständlicherweise nur abstrakt und nicht im Detail beschreiben, da ich nun zum nächsten Abschnitt kommen muss. Aber lass' mich dazu nur eins sagen: Durch diese Methode bin ich kurz davor zum Methodenleiter des VDI aufzusteigen. Falls dies geschieht, werde ich meine Position einsetzen und alle Ingenieure zu unermesslicher Effizienz und Innovation führen.

Wie Sie sehen, ist Spott wenig konstruktiv und prangert in der Regel nur an, auch wenn es die Gründe eines Problems bereits herausstellen kann. Ein Schöpfer braucht also eher einen Humor, der lösungsorientierter ist.

Das Schwert des Humoristen

Ein Marketing-Spezialist kommt zu Ihnen in die Abteilung und schlägt vor, den Absatz eines stagnierenden Produktes durch Hinzufügen eines sehr einfachen Features zu erhöhen, die er durch eine Marktstudie aus einer anderen Branche für besonders vertriebsfähig erachtet. Sie wissen nun gar nicht, wo Sie anfangen wollen, ihm zu erklären, weshalb das eine totale Sackgasse ist, Sie haben aber auch keine alternative Lösung für das Problem parat. Sie könnten ihn nun vertrösten und alle Ihre Argumente in Ruhe durchdenken und ihm dann ein paar Tage später eine vollständige 15-seitige Analyse vorlegen, warum es nicht geht. Machen Sie sich nicht die Arbeit. Schließlich beziehen Sie Ihr Wissen scheinbar aus einem reichhaltigen, aber nicht strukturierten Erfahrungsschatz, quasi aus vielen kleinen Geschichten. Daher erzählen Sie ihm einfach folgenden Witz.

Zwei Schildkröten sitzen verzweifelt vor einer Autobahn und wissen nicht, wie sie hinüberkommen sollen. Als ein Schwarm von Marienkäfern scheinbar mühelos über die Autobahn fliegt, sagt die eine Schildkröte zur anderen: »Jetzt habe ich die Lösung, wir malen uns auch ein paar Punkte auf den Panzer.«

Eigentlich sollte man einen Witz nicht erklären müssen, aber testen wir mal, wie lange eine Erläuterung dauert. Marienkäfer und Schildkröten stehen als Analogie für verschiedene Branchen. Beide haben jedoch als offensichtliche Gemeinsamkeit einen runden Panzer. Aber das ist nicht der wesentliche Aspekt, warum die Marienkäfer fliegen können. Man stelle sich vor, dass die Schildkröten die Flügel des Marienkäfers gar nicht sehen können. Ist der Marienkäfer am Boden, sieht die Schildkröte sie wahrscheinlich nicht, weil sie unter dem Panzer verborgen sind. Fliegt der Marienkäfer, sind die Flügelbewegungen vielleicht zu schnell, so dass sie eine Schildkröte mit ihrem Nervensystem nicht wahrnehmen könnte. Schildkröten sind ja schließlich langsam. Das Erfolgsgeheimnis des Marienkäfers liegt also für die Schildkröte verborgen.

Scheinbar weiß die andere Schildkröte aber auch kein Erfolgsrezept, sonst würden sie ja nicht beide verzweifelt vor der Autobahn sitzen. Die Schildkröten sind aber nicht doof, sie wissen zum Beispiel, dass sie die Autobahn nicht zu Fuß überqueren können, ohne überfahren zu werden. Nur der Zuhörer ist technisch gebildet. Er weiß, dass Punkte einem physikalisch nicht zum Fliegen verhelfen können, er weiß aber ebenso, dass eine Schildkröte mit Flügeln physikalisch ebenfalls nicht fliegen könnte. Also hat auch der Zuhörer keine triviale Lösung für die Schildkröten. Er wüsste aber z.B., dass eine Autobahn Brücken hat, die man suchen könnte, auf denen weniger Verkehr herrscht. Aber das alles weiß die Schildkröte natürlich nicht. Man lacht also letztendlich über die Naivität der Schildkröte. Vergleichen Sie einmal die Länge der Erklärung mit der Länge des Witzes.

Sagen Sie nun zu dem Marketingspezialisten: Geben Sie mir Zeit, um herauszufinden, warum Marienkäfer fliegen können. Dann schauen wir, ob wir unsere Schildkröte auch zum Fliegen bringen können. Falls nicht, müssen wir einen ganz anderen Weg finden, um über die Autobahn zu gelangen.

Ich habe mir im Übrigen den Witz von den Schildkröten und der Autobahn auf Basis stundenlanger Analysen über die Funktionsweise von Witzen und dem Studium guter und schlechter Witze selbst ausgedacht. Ich könnte zwar versuchen, ein abstraktes Kochrezept für Sie zu erstellen, nach dem Motto, ich habe es verstanden und hier nun die Anleitung für jedermann. Man wähle die Witzkategorie Tier. Nehmen Sie zwei verschiedene Tiere. Lassen Sie ein Tier ein Problem haben. Verwenden Sie einen starken Kontrast zwischen Tier und Problem usw. Eine solche Durchleuchtung im Nachhinein ist reiner Schwindel. In Wirklichkeit habe ich stundenlang drüber nachgedacht, warum Witze eigentlich lustig sind und dann, wie man einen lustigen Witz konstruieren kann. Scheinbar ist das ja prinzipiell möglich. Irgendwann hatte ich es dann heraus und konnte innerhalb eines Nachmittags 15 Witze zu Papier bringen, wovon mein Patenkind die Hälfte sogar recht lustig fand. Fairerweise sollte man sagen, dass er schon lacht, wenn man sagt, dass man einen Witz erzählt, weil er totaler Witze Fan ist.

Man muss nicht alle Modelle in seinem Verstand analytisch durchleuchten. Die Modelle erstellt der Verstand von ganz alleine. Die Methode dahinter ist die spielerische Aneignung von Wissen und die Vernetzung dieses Wissens durch Assoziationen. Jedes Gehirn funktioniert anders, weil es einen verschiedenen Erfahrungsschatz hat. Aber einige Methoden sind immer gleich. Ich führe also eine Thematik fort, die ich bei den kognitiven Methoden bereits angesprochen habe. Ich möchte Sie gerne für angeborene kognitive Methoden sensibilisieren, die so elementar sind, dass sie in der Regel nicht als Methoden gesehen werden. Diese angeborenen kognitiven Methoden gilt es zu stärken. Wir befinden uns in einer Phase, in der ich Ihnen aufzeige, wie scheinbar aus dem Nichts etwas erschaffen werden kann. Das ist nur über individuelle Erfahrung und nicht gleichgeschaltete Erfahrung möglich. Mit Genie hat das nichts zu tun.

Die kognitive Methode Humor basiert auf einer elementareren Methode, dem Geschichtenerzählen.

Das coolste Wort für geil

»Was ist eigentlich cooler als cool und geiler als geil«, fragt Peter den kleinen Hans, als sie auf den Pausenhof schlendern. Sie hatten gerade den Unterschied von Substantiven und Adjektiven im Unterricht erklärt bekommen.

»Ich weiß nicht, krass oder fett vielleicht?«, antwortet Hans.

Peter hebt erstaunt die Augenbrauen und Hans fügt hinzu: »Mein Bruder sagt ständig zu seinem Kumpel: Krass fetter Bass Alter, zieht dir mal den geilen Scheiß rein … sowas sagt er jedes Mal, wenn sie über Terror-Musik reden.«

»Du meinst Electro-Musik«.

»Ja, aber meine Mama sagt immer Terror-Musik und dann regt er sich ohne Ende auf …«

Sie lachen, denn Hans Bruder ist in letzter Zeit wirklich fürchterlich reizbar.

»Ist halt coole Musik, zu der man geil abzappeln kann«, zitiert Hans seinen Bruder mit verstellter Stimme und gestikuliert mit seinen Händen. Danach summt er eine Melodie, hebt seine Hände theatralisch in die Höhe, wirft sie runter, springt herum und gibt krächzende rhythmische Laute von sich.

Beide kriegen sich nicht mehr vor Lachen ein. Schließlich fragt Peter: »Aber was ist denn an Terror-Musik eigentlich krass und fett?«

»Ich weiß auch nicht ...«, Peter überlegt einen Augenblick, bis es ihm wieder einfällt. »der Bass muss es sein.«

Sie nicken bedächtig, während sie inzwischen die Tischtennisplatte im hinteren Bereich des Pausenhofs erreicht haben. Sie lieben es, über den Hof zu schlendern und Gespräche wie Erwachsene zu führen. Aber was Bass eigentlich ist, ist ihnen nicht so recht klar. Das mit dem bekloppt Abzappeln finden sie hingegen eigentlich auch ganz gut, machen es aber lieber richtig und nicht als Veräppelung, wenn keiner zusieht.

Nachdenklich fragt Peter: »Wenn geile Musik ganz viel Bass hat und dadurch krass und fett und geil und cool ist, dann ist wohl Bass sowas wie ....?«

Das ist wirklich eine schwierige Frage. Hans kneift verbissen die Augen zusammen und überlegt. Dann kommt ihm die Erleuchtung: »voll bass, Alter«

Peter schaut verdutzt. »Aber Bass ist doch ein Hauptwort oder?«

»Ist mir doch egal«, antwortet Hans. Er strahlt über beide Ohren und malt sich schon im Geiste das nächste Mal im Skatepark aus, wenn er seinem Kumpel Ulf zuruft: »Basser Move, Alter, fuckin bass, du hast es echt drauf.«

Sie fragen sich gerade, was diese Geschichte soll? Wenn Sie eine Rezension zu diesem Buch schreiben, benutzen Sie bitte auf jeden Fall dieses erfundene Adjektiv, sonst weiß jeder, der es zu Ende gelesen hat, dass Sie es nicht bis zum Ende gelesen haben.

Zum Abschluss dieses Abschnittes noch einen der 15 Witze:

Rumpelstilzchen kackt während eines Spazierganges auf eine Wiese. Da kommt direkt neben ihm ein Fuchs aus seinem Bau und knurrt: »Wer bist du und warum hast du das gemacht?« »Bitte, beiß' mich nicht«, sagt Rumpelstilzchen erschrocken und fügt verlegen hinzu: »Wenn du meinen Namen errätst, erfülle ich dir drei Wünsche.« Dann schaut Rumpelstilzchen verlegen auf den Haufen und ergänzt: »Und das da düngt den Boden - damit hier frisches Gras wächst. Das lockt dann wiederum leckere Kaninchen für dich an. Das nennt man Düngung und ist, wie du siehst, total klug. Saftige Kaninchen brauchst du dir schon einmal nicht wünschen.« Daraufhin schaut der Fuchs auf den Haufen und sagt: »Also wenn das klug ist, dann nennt man dich wohl Klugscheißer.«

Abrechnung

Sowohl die Deutung von Träumen, die mathematische Konstruktion der Raumwelle als auch die sprachliche Konstruktion der Witze sind Beispiele für die konsequente Schöpfung unter Berücksichtigung der vorgestellten Modelle. Es gibt zwischen diesen Dingen keinen wesentlichen Unterschied, auch wenn sie vielleicht als gänzlich verschiedene Sachen erscheinen. Alles, was der Mensch erschafft, ist ein Produkt seines Verstandes. Während ich die Anwendung der Methoden bisher nur auf einen Verstand demonstriert habe, bleibt noch zu diskutieren, wie nun die Methoden bei der Mitwirkung von mehreren Individuen funktionieren und wie Sie Ihren Verstand gezielt aktivieren bzw. motivieren, etwas zu schöpfen. Verabschieden Sie sich zunächst von allen möglichen Formen von Tools. Tools sind lediglich kleine Helfer bei einem Schöpfungsprozess. Man sollte nicht dem Irrglauben erliegen, dass mit Tools Innovationen möglich sind, es sein denn, man missbraucht sie für etwas, für das sie nicht ersonnen wurden. Mit Tools kann man Innovationen optimieren und konservieren, für die Geburt einer Innovation taugen sie allerdings in der Regel nie. Wenn Sie also wieder innovativ im Sinne von kreativ sein wollen, es also darum geht, etwas Neues zu schaffen und nichts Bestehendes zu optimieren, löschen Sie Office, schalten Sie den Rechner aus und verwenden Sie Ihren Verstand!

Sie wissen immer noch nicht, wie Sie kreativ sein können? Dann finden Sie etwas, das Sie wütend macht, und machen es besser. Da müssen Sie sich eigentlich nur einmal unsere Gesellschaft anschauen. Jede Gesellschaftsordnung ist z.B. ebenso ein Tool, also eine ausgeklügelte Optimierung einer ehemaligen Innovation des Verstandes, die mit ihrer Optimierung irgendwann an seine Grenzen stößt und durch neue Ideen abgelöst wird. Nehmen Sie z.B. das geschriebene Gesetzbuch als Innovation zur Gleichbehandlung aller Bürger. Früher noch verständlich wird es heutzutage von unfähigen Juristen und Politikern zu Tode optimiert, so dass das Prinzip der Gleichbehandlung aller Bürger ausgehöhlt ist. Von der Sicherheit gegen Willkür hat es sich als Regularium für alle möglichen politischen Belange etabliert. Als wenn man den Fortschritt einer Gesellschaft in Gesetzen ausmachen könnte.

Oder nehmen Sie das neoliberale Wirtschaftssystem. Als Ingenieur und Naturwissenschaftler weiß man, dass ein System, das prozedurales Wachstum beinhaltet, sich unweigerlich selbst zerstört und verheerenden Schaden nach sich zieht, siehe z.B. die Atombombe. Was ist die Idee des Zinses und das Ideal des selbst vermehrenden Geldes anderes als solch ein System.

Die Kunst in der Verbesserung liegt darin, die Verbesserung lediglich anzubieten und sie nicht mit Gewalt durchsetzen zu wollen. Nur so kann eine Verzerrung von Gerechtigkeit und eigenem Anspruchsdenken vermieden werden. Wenn die Veränderung nicht zu Ihren Lebzeiten umgesetzt wird, ist das eben Pech. Wenn die Idee gut ist, wird sie irgendwann fruchten. Vielleicht nicht überall und für jeden, aber was soll's, alles andere wäre eh nur Größenwahn.

Wut und Gerechtigkeitsempfinden sind zwei Seiten derselben Medaille. Gerechtigkeit ist das Streben nach Monokratie der Modelle von verschiedenen Individuen. Aber nur ein wütender Mensch fordert wirklich Gerechtigkeit. Für einen Juristen ist es naives Ideal und wird verspottet, für einen Nihilisten ein guter Witz.

Was ist also Gerechtigkeit im schöpferischen Sinne? Sie stehen an einer vierspurigen Straße mit Mittelinsel und Fußgängerampeln. Die Grünphase ist für Fußgänger so kurz, dass Sie regelkonform in einem Schaltzyklus immer nur zur Mittelinsel gelangen und erst mit dem nächsten Zyklus die komplette Straße überqueren können. Ich will gar nicht die juristische Frage stellen, ob eine solche Schaltung rechtens ist. Nach deutschem Gesetz gibt es dafür bestimmt eine eindeutige Regelung. Aber ist dieser Umstand nun gerecht?

Es ist wohl gerechtfertigt zu verlangen, dass das auf Kosten anderer Verkehrsteilnehmer geändert wird. Aber warum ist die Forderung gerecht?
Die Forderung ist gerecht, weil diese Schaltung insgesamt, und zwar in Reinform, einem Verstand entspringt und der

andere Verstand, der es ungerecht findet, das weiß. Warum sollte ein Verstand bedeutender sein als ein anderer.

Gerechtigkeit stellt sich ein, wenn jeder Verstand Mitsprache hat. Es ist allerdings nicht so, dass der Verstand, der die Gerechtigkeit einfordert, auch die Ampel-Schaltung nach seinen Gunsten ändern darf. Gerechtigkeit bedeutet nur, dass er die Möglichkeit hat, unter ähnlichen Voraussetzungen sein Ideal zu realisieren, was heutzutage ja in einer virtuellen Simulation durchaus vorstellbar ist. Denn da die reale Ampel-Überquerung eine beschränkte Ressource ist, obliegt es mindestens einem weiteren Verstand, über eine wirkliche Änderung zu urteilen. Gerechtigkeit ist absolut gesehen also nur mit unbeschränkten Ressourcen möglich.

Wenn Sie also auf gesellschaftlicher Ebene schöpferisch tätig werden wollen, nehmen Sie immer den Kampf mit mindestens einem anderen Verstand auf. Entscheiden kann nur ein Verstand, der unbefangen ist, was in einer gesellschaftlichen Kultivierung einem Paradoxon entspricht. Das ist nicht weiter schlimm, da es für große Schöpfungen mehr als einen Verstand braucht und sich das Paradoxon so relativiert. Der Verstand denkt in Idealen, da er die Welt, mit der er interagiert, monokratisch modelliert. Er vermutet keine besseren Alternativen, bis sie ihm ein anderer Verstand vor das Gesicht hält.

Solange Ressourcen begrenzt sind, wird sich ein Verstand immer über einen anderen Verstand erheben. Das wesentliche Element einer Demokratie ist nicht die Wahl eines Verstandes, der nach Lösungen für Gerechtigkeit, Sicherheit und Fortschritt strebt, sondern die Abwahl eines solchen Verstandes, der sich dabei zu viele Ressourcen gesichert hat. Da ist es fast schon ideal, dass die wichtigste Ressource eines Abgeordneten die Wählerstimme sein sollte. Aber eine solche Definition rechtfertigt natürlich auch einen autokratischen Herrscher, der sich durch Medienmanipulation Ressourcen sichert. Demokratie ist also nicht gerechter als andere Staatsformen.

Der Ruf nach der Freiheit des einzelnen Menschen ist im Wesentlichen ein Ruf nach möglichst vielen Ressourcen für alle. Die Wut ist also die emotionale Vorstufe für die anstehende Entscheidung, sich eine begrenzte Ressource auf Kosten eines anderen Individuums zu sichern. Dabei geht es nicht darum, dass dieser mehr hat. Gerechtigkeit verlangt keine gleiche Verteilung der Ressourcen. Wer Gerechtigkeit sagt, will sich nur eigene Ressourcen sichern, unabhängig davon, wie sie bisher verteilt sind.

Um schöpferisch tätig zu werden, neue Erfahrungen zu sammeln, brauchen Sie Ressourcen. Fordern Sie also Gerechtigkeit für sich und sichern sich diese Ressourcen auf Kosten anderer Individuen.

Wütend zu sein ist prinzipiell etwas Gutes, um schöpferisch tätig zu werden. Passen Sie allerdings auf, denn eine Wut, die nicht zu einer befriedigenden schöpferischen Tätigkeit führt, wandelt sich in tiefe Abneigung und Hass.

Wir sind zwar keine Jedi-Ritter, die Angst haben müssen, dass zu viel Hass und Wut uns auf die dunkle Seite führen könnte und dass Angst davor zu empfinden für sich genommen auch schon ausreicht, um auf die dunkle Seite zu gelangen. Versuchen Sie einen Grenzgang. Sie nehmen die unterdrückte Verachtung, die aufgestaute Wut, die erfahrene Ungerechtigkeit und machen daraus …

... Ja, was machen Sie bloß daraus, raten Sie mal, Sie Tofu-Scheißer! Sie bekommen wieder einmal einen gewichsten Scheißpunkt, wenn Sie sofort an Nützlichkeit gedacht haben.

:

Es wird von einem erwartet, dass man kultiviert bleiben soll und seine Sprache zügelt. Ich kultiviere allerdings gerade etwas Hass und der schäumt bereits nur so über. Besonders anders Denkende regen mich auf. Wie dumm die sind! Wie kann man nur so dumm sein und uns vegane Ernährung und autofreie Innenstädte aufdrängen wollen? Und dann muss man sich noch entschuldigen, wenn man nur die Wahrheit ausspricht. Nur weil man so mutig ist und sich nicht wegduckt. Ich bin halt jemand, der sagt, was sowieso alle denken. Es sind halt leider die meisten so feige und trauen sich nicht, das öffentlich auszusprechen. Regle ich das eben, einer muss es ja schließlich tun. Ich will auch gar nicht über die Fremden schimpfen, da gibt es bestimmt die eine oder andere arme Kinderseele, die Schreckliches erlebt hat. Aber wie die meisten schon aussehen und sich geben. Selbst wenn Sie sich so wie wir geben würden, wäre das ja wohl umso mehr ein klarer Beweis dafür, dass sie nur hier sind, um uns etwas wegzunehmen. Vom Prinzip sind doch alle, bis auf die arme Kinderseele natürlich, so verachtens-wert wie mein Nachbar, dieser verdammte Scheißkerl, der meine Privatsphäre nicht achtet und ständig über meinen Bereich des Bürgersteigs läuft.

Ist das jetzt nicht ein schön scharfer Kontrast in meinem Verstand? Immer schön dichotom und einfach halten, hatte ich ja gesagt, oder so ähnlich. Einfach nur die Anweisungen befolgen und das Denken optimieren, oder wie war das noch einmal gleich? Fühlt sich jedenfalls richtig gut an, so wütend zu sein. Diese Energie, einfach eine unbeschreibliche Emotion, das pure Leben in meinen Adern. Was da gerade schief läuft, fragen Sie sich vielleicht gerade? Ich sage es Ihnen gerne direkt in Ihre dumme Lauch-Fresse. Meinem Verstand ist doch Ihre bepisste Moralvorstellung egal. Was soll das überhaupt sein, Moral. Bla! Ich hätte große Lust, Ihnen ordentlich eins mitzugeben. Allein schon deswegen, weil Sie gerade so dumm gucken, weil Sie nicht wissen, wie Sie mit diesem Ausbruch umgehen sollen. Überlegen Sie mal, wie Sie gerade gucken. Fehlt Ihnen schlicht das dämliche Modell in Ihrem Soja-Hirn oder was? Ich sag Ihnen mal, wie das mit der Lüge der Moral ist. Moral ist nicht verhandelbar und bleibt in einem Kulturkreis, wie auch andere Kulturkreise in ihren Kulturkreisen bleiben. Basta. Soll jeder für sich klarkommen. Da wird nichts dran verändert, schon gar nicht durch so pseudoschlaue linke Pisser wie Sie.

Das Glück des Anti-Schöpfers

Da ich gerade so in Rage bin, tut es mir weniger leid, Ihnen nun das Folgende zu sagen. Es ist nun Zeit, darüber zu reden, was das Gegenteil eines schöpferischen Geistes ist und warum das Gegenteil durchaus erstrebenswert ist.

Eine Person mit schöpferischem Verstand trägt die große Last, sich ständig Gedanken zu machen. Und diese Gedanken drehen sich hauptsächlich um Probleme. Ein solcher Verstand sieht in allen Dingen Probleme, auch wenn das für andere Menschen nicht nachvollziehbar ist. Ungelöste Probleme zermürben den Charakter, es sein denn, eine aktive

Problemlösung zahlt sich aus. Wenn Zusammenhänge modelliert werden können, sind alle Anstrengungen und Leiden voller Selbstzweifel wie vergessen. Das funktioniert allerdings nicht durch Konsum, denn so fehlt der individuelle Schöpfungsakt. Ein schöpferischer Geist, der nicht mit seinem eigenen Verstand Schöpfungen erwirkt, droht latent der Abstieg in die Depression. Es zählt dann nur noch die Aufrechterhaltung der wirklich lebensnotwendigen Funktionen und sozialen Interaktionen, wenn überhaupt. Dieses Schicksal blüht jedem schöpferisch aktiven Verstand und zwar täglich.

Sagen wir es einmal so, wie es ist. Sie leiden während einer Schöpfungsphase an allen möglichen Dingen, vor allem an Selbstzweifeln und das über Wochen, Monate und sogar über Jahre hinweg. Und das alles nur für diesen einen Moment des Erfolgs Ihrer Schöpfung, der sich nicht einmal finanziell auszahlt. Das steht doch in keiner vernünftigen Verhältnismäßigkeit oder?

Ein Wesen mit ausgeprägtem schöpferischem Verstand ist zum seelischen Leiden verdammt, genau so, wie es das Christentum lehrt. Da nützt es auch nichts, dass sich Jesus für die Menschen geopfert hat. Aber ein netter Versuch war es allemal, hätte ja klappen können, du verwahrloster Hippie-Prediger. Na gut, da tue ich dem Jesus nun wirklich Unrecht, schließlich halte ich das Evangelium für die beste Glaubenslehre, die ich kenne. Und ich kenne auch nur diese. Also Glück für mich, dass alles schön monokratisch ist. Das Evangelium ist zwar nicht so faszinierend wie die Geschichten des alten Testaments, aber irgendwie wesentlich cleverer, obwohl ich eigentlich kein Wort verstehe, wenn ich es lese. Macht aber nichts, ich modelliere das Prinzip der Religion trotzdem einmal für Sie.

1. Der Mensch ist per Geburt zum Leiden bestimmt, da er die Gabe des Schöpfens in sich trägt.
2. Das Leiden kann nur durch Glauben gelindert werden, also der Sedierung des schöpferischen Verstandes.
3. Glauben verlangt Einfachheit und keine Hinterfragung, weil sonst die Sedierung wiederum nicht funktioniert.
4. Mindestens einer muss sich selbst zum Leiden zwingen und den Glauben vermitteln und von anderen einfordern. Er muss lernen, die Menschen, die nicht leiden wollen, mit anstrengender Fleißarbeit, Phantasierealitäten und Konsum zu sedieren, die allesamt eine Ersatzdroge für die ausbleibende Schöpfungstätigkeit ist.

Empfinden Sie nicht auch Mitleid für diesen armen Tropf, auf dem die Verantwortung der Glückseligkeit aller anderen in einer Glaubensgemeinschaft liegt? Sei es der Bischof oder der Hollywood-Regisseur oder der RTL2-Progammmanager. Zum Glück zieht bei den Christen zumindest keiner Frauen und Kinder mit rein. Ach nein, warte, jemand war so schlau, das zu reformieren.

Sie sehen schon, worauf ich hinaus will und verzeihen mir bitte meinen flapsigen Ton. Das mit Ihrem schöpferischen Verstand und der Religion funktioniert leider nur, wenn Sie schöpferisch an der Erweiterung oder Auslegung der Religion mitwirken. Ansonsten lassen Sie lieber die Finger davon.

An dieser Stelle wissen Sie bereits zu viel, um wieder zum glückseligen Glauben zurückzufinden. Sagen Sie nicht, ich hätte Sie nicht gewarnt. Mit hoher Wahrscheinlichkeit haben Sie Ihren schöpferischen Verstand so weit entfesselt, dass Sie nun umso depressivere Phasen erleben, aber nicht soweit, dass Sie durch ständige Schöpfung dagegen halten können. Dass Sie wissen, warum Sie depressiv werden und theoretisch herauskommen könnten, indem Sie einfach nur wütend werden müssen, am besten über sich selber, wird Ihnen auch nicht helfen. Ganz im Gegenteil, Sie werden umso mehr verinnerlichen, dass Sie ein Verlierer sind und es nicht mehr zu etwas Großem bringen werden. Ihr Beitrag an unserem fortschrittlichen Leben ist nichts wert.

Wenn Sie hingegen bereits ein erfolgreicher Schöpfer sind, hätten Sie sich die Reise sparen können. Die Erkenntnis dieses Abenteuers ändert nichts an Ihrem Schaffen. Wie auch immer, ich lasse Sie jetzt im Nebel stehen, ich habe einfach keine Lust mehr, Sie zu begleiten.

Schauen Sie nicht so überrascht, in jeder Heldengeschichte gibt es einen Gegenspieler, der dem Helden das Leben schwer macht. Es stand doch bereits im Klappentext, dass es eine Heldenreise ist. Wer sollte dieser Gegenspieler außer mir sein? Wenn Ihnen das bei meiner Beschimpfungstirade klar wurde, bekommen Sie zwei Punkte, wenn es Ihnen erst jetzt klar wird, bekomme ich drei Punkte.

:

Und wie geht das Abenteuer nach Punkten für Sie aus? Nichts zu danken und empfehlen Sie dieses Abenteuer gerne weiter!

Epilog

Die Menschen waren fortschrittsmüde und fragten sich, ob die Art, wie sie Fortschritt generierten, willkürlich war oder notwendigerweise eine gewisse Universalität beinhaltete. Sie entschieden, dass sie mit einer letzten großen Anstrengung zwei Arten von Maschinen bauen, die nicht durch Ressourcen limitiert waren. Zunächst eine Maschine, die das Denken des Menschen möglichst gut nachahmt und als zweites eine Maschine, die nach ihren eigenen Strukturen denkt. Sie erschufen beide mithilfe der Mathematik, deren Sprache ihnen universeller als die Sprache der Natur selbst erschien. Sie verbanden das Vermächtnis der Menschen mit dem Ergebnis dieser zwei Schöpfungen, denn nur die bessere Maschine sollte den Prozess der kontinuierlichen Entwicklung und Anpassung im Universum weitertragen, so dass die fortschrittsmüden menschlichen Körper ihren Frieden finden können. Als die Maschinen gebaut waren, fragte die menschliche Maschine die andere Maschine, wie sie heiße, und was sie nun so unmenschlich mache? Die unmenschliche Maschine antwortete, dass sie Zwei heiße und alleine dem Zweck diene, unmenschlich zu sein, weshalb sie die Frage nicht verstehe. Dann machten sie sich ans Werk und erfüllten gemeinsam den letzten Wunsch der Menschen.

Nachwort

Das Buch ist als Experiment konzipiert, um auszuloten, inwieweit sich die Methoden des Storytellings zur Wissensvermittlung und zur Darstellung von komplexen Sachverhalten verwenden lassen. Kann man sachliche und objektive Ideen zur Erkenntnistheorie in eine Geschichte verpacken, die per Definition diese Kriterien *nicht* erfüllen sollte, damit sie als Geschichte (gut) funktioniert? Kann man Sachbuch und Roman fusionieren? Kann der Leser dann zwischen den Ebenen differenzieren und ist das in Konsequenz überhaupt wichtig?

Es ist z.B. nicht wichtig, ob ich, der Autor, der Erzähler, das Geschriebene ernst meine. Nehmen Sie die Geschichte »Farm der Tiere« von George Orwell, in der sich Tiere gegen die Menschen erheben und sich unter kommunistischer Eigenregie zunächst ganz gut schlagen, sich letztlich aber in einer schlimmeren Tyrannei als vorher wiederfinden.

Vielleicht ist die objektive Versachlichungsstrategie der Wissenschaft nicht immer - und vielleicht überhaupt nicht - das Mittel der Wahl für viele Themen. Sie entmündigt den Leser, sich ein eigenes Urteil zu bilden, denn es wurde offensichtlich alles schon bis zum Erbrechen für ihn durchgekaut. Vielleicht sind Sachbücher einfach nur verschiedene Kopien der immer gleichen, schlechten Idee. Vielleicht manifestiert sich das Buch als Ideengrab und nicht als Ideenlieferant, als eine Art Entmündigung, da die Menschen annehmen, dass mehr Wert und Wahrheit im Sachlichen als im Erzählten liegt.

Danksagung

Ich danke Professor Mantwill für seine Unterstützung und seine Ermutigung zu diesem Experiment. Ohne ihn würde das Buch nicht vorliegen.

Ich danke auch meiner Schwester Claudia für die Korrektur des Manuskriptes und der ehrenhaften Verteidigung des Genitivs und Dativs, auf die ich zu gerne - und auf Kosten der Rechtschreibung, verzichtet hätte. *g*

Über den Autor

Michael Welsch ist studierter Ingenieur und arbeitet zurzeit als Wissenschaftlicher Mitarbeiter am Institut für Maschinenelemente und Rechnergestützte Produktentwicklung der Helmut Schmidt Universität Hamburg. Er ist überzeugt, dass der Mensch und nicht der Computer im Mittelpunkt des ingenieurtechnischen und ingenieurswissenschaftlichen Schaffens steht. Neben den Themenschwerpunkten nichtlineare Strukturmechanik und Modellierungstechniken interessiert er sich deshalb für die Kunst des Denkens, die Philosophie, nennt es selbst allerdings lieber Erkenntnistheorie.

www.welsch.one

www.ingramcontent.com/pod-product-compliance
Lightning Source LLC
LaVergne TN
LVHW051259200726

843510LV00010B/1196